AF312221

COLLECTION

DE

V. POTERLET

ACHAT

DE

DESSINS, GRAVURES & TABLEAUX

Cadres et Miniatures

❋ S. MAYER ❋

MARCHAND D'ESTAMPES

DESSINS ET TABLEAUX

5, rue Laffitte, 5

Près de la **MAISON DORÉE**

Paris.—Imprimerie de l'Art, E. MÉNARD et J. AUGRY, 41, rue de la Victoire.

CATALOGUE

DE LA

COLLECTION DE V. POTERLET

25,000 ORNEMENTS ANCIENS

DES

Écoles allemande, flamande, italienne et française

DU XVe AU XVIIIe SIÈCLE

OUVRAGES ANCIENS ET MODERNES

DESSINS ANCIENS, GOUACHES ET MINIATURES

Matériaux et Dessins industriels (référence)

TABLEAUX

Œuvres de H^{te} Poterlet, Zurbaran — Études par Bonington, etc.

Terres cuites originales, par Clodion, Pajou, Marin

Étoffes et soieries — Faïences anciennes — Meubles anciens

Cadres, bois sculptés — Études — Ivoires — Livres — Objets divers

DONT LA VENTE AURA LIEU

HOTEL DROUOT, SALLE N° 3

(PREMIER ÉTAGE)

Les Jeudi 16, Vendredi 17 et Samedi 18 Décembre 1886

A 2 HEURES PRÉCISES

M° G. BOULLAND	**M. S. MAYER**
COMMISSAIRE-PRISEUR	EXPERT ET MARCHAND D'ESTAMPES
26, rue des Petits-Champs, 26	5, rue Laffitte, 5

EXPOSITION PUBLIQUE

Le 15 Décembre 1886, de 1 h. 1/2 à 5 h.

CONDITIONS DE LA VENTE

La vente est faite expressément au comptant.

Les acquéreurs payeront 5 p. 100 en sus des enchères, applicables aux frais.

Les livres devront être collationnés dans les vingt-quatre heures de l'adjudication. Ils ne seront repris pour aucune cause, si ce n'est s'ils sont incomplets.

Les taches, mouillures, défauts, ne sont pas admis dans les réclamations.

M. S. Mayer, chargé de la vente, remplira les commissions des personnes qui ne pourraient y assister.

M. S. Mayer se réserve la faculté de réunir et de vendre en un seul lot tels articles du catalogue qu'il jugera utile à l'intérêt de la vente.

N. B. — *L'ordre numérique ne sera pas suivi.*

Paris. — Imp. E. Ménard et J. Augry, 41, rue de la Victoire.

DÉSIGNATION

ÉCOLE ALLEMANDE

DU XVe AU XVIIIe SIÈCLE

1 — **Albert Dürer**. Gravures sur bois. 8 pièces (1509). *Martial*

2 — **Aldegrever (Henri)**. Né à Scest en Westphalie, en 1502, artiste célèbre, un des meilleurs ornemanistes du xvie siècle.

3 — **Aldegrever (Henri)**. Une pièce : Un centaure et sa femelle qui combattent ensemble. Ces deux figures se terminent en rinceaux d'ornements (1529).

4 — **Aldegrever (Henri)**. Montant d'ornements, où l'on voit, vers le haut, deux mascarons en regard, et plus bas, deux poissons chimériques (1530).

5 — **Aldegrever (Henri)**. Un montant d'ornements. En haut, un Enfant debout vu de dos et ayant le pied droit posé sur une boule. Écusson et daté (1532).

6 — **Aldegrever (Henri)**. Petit panneau : un Enfant assis au milieu de tiges de feuillages (1533).

7 — **Aldegrever** (Henri). Une frise d'ornement avec un mascaron au milieu, et, à gauche, un Satyre tenant un écusson (1533).

8 — **Aldegrever** (Henri. Composition au bas de laquelle est un Enfant sur le dos d'un sphinx, qui tient un écusson.

9 — **Aldegrever** (Henri. Deux dessins de gaine, tête de femme et d'homme, qui se termine en pointe par le bas (1535.

10 — **Aldegrever** (Henri. Branches de feuillages d'ornements, au bas desquelles un Enfant qui soutient un autre enfant assis à terre (1533).

11 — **Aldegrever** (Henri). Frise, au milieu de laquelle est une femme vue de face, et un homme vu de dos, donnant naissance à des rinceaux d'ornements (1537.

12 — **Aldegrever** Henri). Autre frise dans le même genre, l'homme et la femme sont vus de profil (1537).

13 — **Aldegrever** (Henri. Une frise, au milieu une Femme avec des oreilles de chien, les bras tendus. Deux dauphins à droite (538.

14 — **Aldegrever** Henri). Petit panneau : large rinceau d'ornement, Femelle et Centaure portant un enfant (1535).

15 — **Aldegrever** (Henri). Dessin pour bout de fourreau.

16 — **Aldegrever** (Henri). Trois différents dessins d'agrafes d'orfèvrerie sur une même planche (1536.

17 — **Aldegrever** Henri). Dessin de gaine. La partie

supérieure offre un homme nu, debout, tenant une
baguette de la main gauche.

18 — **Aldegrever** (**Henri**). Deux cuillers qui se croi-
sent et dont les manches sont ciselés (1537).

19 — **Aldegrever** (**Henri**). Un petit panneau : un Enfant assis, des jambes duquel partent des feuillages
(1532).

20 — **Aldegrever** (**Henri**). L'Homme à la cuirasse, dont
les jambes sont en ornements (1527).

21 — **Aldegrever** (**Henri**). Un petit panneau de feuillages (1531 et 1532). 2 pièces.

22 — Album composé de gravures sur bois, du xvi° siècle,
d'après les dessins de *Volgemut, Solis, Hans, Bourg-
mairs*, etc. 729 pièces.

23 — **Antoni Gutvein**, orfèvre, graveur, etc. Calices,
lampes, etc. 22 pièces.

24 — **Bang**, dessinateur et graveur, Nuremberg. 1600.
Compositions pour des bords de timbales, gobelets et
gravures de cristaux. 10 pièces.

25 — **Bergmuller** (**Jean-Georges**), peintre-graveur.
Les Saisons et diverses autres pièces. 8 pièces.

26 — **Bergmuller** (**Jean-André**). Chaires à prêcher,
portails, autels avec figures. 14 pièces.

27 — **Birckenfeld**. Grilles, ferronneries. 12 pièces.

28 — **Carol Junck**. Chaires à prêcher, ornements divers.
6 pièces.

29 — **Dieterlin** (**W.**). 1598. Ouvrages de décoration sur

les cinq ordres d'architecture. 209 pl. Livre rare
et recherché.

30 — **Dieterlin** (**W.**). Les armoiries de la maison
royale de Wurtemberg. 1 pièce.

31 — **Daniel Mayer.** Compositions pour la décoration
architecturale. 1 vol. 1612.

32 — **Daniel Mayer.** Suite du même maître pour la
Décoration d'après les ordres d'architecture. 1 vol.
1607.

33 — **Decker** (**Paul**). Orfèvrerie, grilles, architectures
et décorations intérieures. Volume contenant 123
pièces.

34 — **Decker** (**Paul**). Décoration de jardins.

35 — **Decker** (**Paul**). Architecture, décoration. Époque
Louis XIV. 1 volume.

36 — **Daniel Preisler.** Alphabet. 12 pièces. Les Quatre
parties du monde, les Éléments. Les Saisons. Manquent deux pièces. 10 pièces.

37 — **David Funck**, bijoutier. Bijouterie, flacon, bagues,
boîtes, etc. 6 pièces.

38 — **Drenwitte** (**Abraham**). Louis XIV. Magnifiques
encadrements. Les Saisons. Tables, candélabres. Les
Éléments. Fauteuils. vases, lustres, glaces, cheminées, etc. Pièces de suites diverses. 27 pièces.

39 — **Eisler** (**C. G.**), dessinateur, sculpteur et graveur
Orfèvrerie, carrosserie, etc. 35 pièces.

40 — **Eichel** (**Emmanuel**). 1750. Meubles, vases, motifs
d'ornements. 20 pièces.

41 — **Fursten (Paul)**, de Nuremberg. 1689. Broderies
à l'aiguille, partie de diverses suites. 18 pièces.

42 — **Feichtmayer (Joseph)**. Riches autels, rocailles,
cartouches et blasons. 16 pièces.

43 — **Feichtmayer (Frantz)**. Petites pièces rocailles.
11 pièces.

44 — **Fietta**. Suite numérotée de 1 à 4. Sièges et canapés. 4 pièces.

45 — **Gilles Killian Proger**. Orfèvrerie : au bas de l'es-
tampe est un enfant debout vu de dos ; le monogramme G K P 1533 est à droite.

46 — **Gabriel Weyer**. Suite : Femmes et enfants sur
des monstres. Nous avons les dix premières feuilles
et le titre au lieu des 17 pièces qui se trouvent à la
Bibliothèque de Paris. Portrait daté 1613.

47 — **Georges Jean Hertel**. Suite de meubles. canapés,
cartouches. 14 planches.

48 — **Gos (Gottfried)**, coloriste et compositeur habile.
Suite des Vices et des Vertus, les Sens, etc. En tout
26 pièces.
    Les Saisons. Grandes et belles pièces. 4 pièces.
    Martyres de saints, etc. 14 pièces.
    Les Éléments, les Cinq Sens, cartouches pitto-
resques, la Vie de saint Bernard, fontaines rocailles,
les Misères de la guerre. 47 pièces.

49 — **Georges Pencz**. Vases et figures. 2 pièces.

50 — **Gabriel Krammer**, découpeur en bois. 1601.
8 feuilles.

51 — **Grendel (de)**. Cheminées. 11 pièces.

52 — **Hans Sebald Beham,** né à Nuremberg en 1500, neveu de Barthélemy Beham et son élève ; il mourut à Francfort vers 1550.

Le mascaron qui se termine en rinceaux d'ornements et qui est entouré d'une couronne de laurier (1543). 1 pièce.

53 — **Hans Sebald Beham.** Vase orné d'enfant et enrichi d'ornements. 1531.

54 — **Hans Sebald Beham.** Armoiries à l'aigle ayant pour cimier une couronne, deux cornes de bélier et une plume. Très belle pièce. 1543.

55 — **Hans Sebald Beham.** Chapiteaux et base de colonnes de l'ordre composite de 1543 et 1545.

56 — **Hans Sebald Beham.** Deux génies assis sur des animaux chimériques, 1544.

57 — **Hans Sebald Beham.** Une frise : Triumphe Edeler Schaften Weiber.

58 — **Hans Sebald Beham.** Cuirasse et deux génies où naissent des rinceaux d'ornements.

59 — **Hans Sebald Beham.** Une palmette au milieu entre deux têtes de poissons chimériques dont les queues se terminent en ornements.

60 — **Hans Sebald Beham.** Au milieu, une femelle de satyre assise tenant par le milieu des rinceaux que tiennent deux satyres. Pièce en largeur.

61 — **Hans Sebald Beham.** Frise représentant un combat.

62 — **Hans Sebald Beham.** Frise : un vase ; au milieu, vases de chaque côté et tête de dauphin.

63 — **Hans Sebald Beham.** Quatre centaures avec des femmes en croupe au milieu des feuillages.

64 — **Hans Burgmaer.** Images des saints et saintes issus de la famille de Maximilien Ier. 1520.

65 — **Hopfer (Daniel).** 1527. Pièces diverses. 22 planches.

66 — **Holzer,** dessinateur et peintre de talent. Suite de la Vie de Jésus. 10 pièces.

67 — **Hildt (J. J.).** Vases rocaille. 9 pièces.

68 — **Josse Amman.** Blasons des villes d'Allemagne, avec des chevaliers couverts d'armures. XVIᵉ siècle.

69 — **Josse Amman.** Titre pour un ouvrage de perspective. 8 pièces.

70 — **Jean Erhard Heiglen,** orfèvre à Augsbourg. 1721. Modèles d'orfèvrerie, soupières, plat, aiguières, sucriers, flambeaux, cafetières, mouchettes, etc. 9 pièces.

71 — **Jacob Baumgartner** (1727). Orfèvrerie et bijoux, pièces diverses. 110 pièces.

72 — **Joa Baner,** dessinateur-sculpteur et graveur-orfèvre. Soupières, cafetières, plats, (1750). 44 pièces.

73 — **Johan Schmischet.** Canon grandeur nature, imprimé en plusieurs morceaux, formant 4 pièces.

74 — **Johan Schmischet.** Suite de petites pièces composées pour l'arquebuserie. 18 pièces, 4 pièces en deux feuilles.

75 — **Jean Halneren** (1610). Ornements gravés au burin, modelés en blanc sur fond hachuré. Style romain.

76 — **Klauber**. Motif de décoration. Série classée par lettre. Cahier de 1 à 14, figures et ornements. 78 pièces.

77 — **Kazeman**, architecte à Cologne. Suite incomplète. 10 pièces.

78 — **Kolb**. Études de plantes à l'eau-forte.

79 — **Lucas Kilian** (1627), dessinateur, graveur et compositeur de grand mérite. Alphabet de grandes capitales posées, sur des fonds d'ornements et accompagnées d'enfants. 24 lettres, plus un titre. Rare.

80 — **Lucas Kilian**. Portraits de grands personnages richement habillés et entourés de beaux cadres Louis XIII. 50 pièces.

81 — **Lucas Kilian**. Portraits entourés de magnifiques compositions, ornements et figures. 9 pièces.

82 — **Lucas Kilian**. Fantaisies. Titres pour divers ouvrages. Les quatre Saisons. Ferronnerie. Cartouches. Orfèvrerie. Emblèmes de la Passion, etc. 80 pièces. Sera divisé.

83 — **Lukner**. Architecture Louis XIII.

84 — **Morisson (Frederich-Jacob)**, dessinateur, graveur, orfèvre de Nuremberg. Bouquet de fleurs et fruits suspendus par des rubans. 12 pièces, titre et pièces diverses. 14 pièces.

85 — **Mathieu Merian** (1616). Habile graveur à l'eau-forte. Figures de la Fable et de la religion, des animaux, et attributs entremêlés d'ornements Louis XIII.

86 — **Nilson**. La splendide collection que nous avons

réunie est, par le goût, plutôt française qu'allemande. Ce compositeur, élève de Delaporte, a étudié long-temps en France, et cette collection est surtout remarquable par ses spirituelles compositions.

Ces séries de cahiers, classées et numérotées, seront divisées. 200 feuilles.

87 — **Nilson.** Peintures à fresque, faites à Augsbourg, par Jean Haltzer. 28 pièces.

88 — **Preisler** (**J. J.**), graveur. Cinq suites, chacune de 4 pièces. Principes d'ornements, rocailles marquées : A. B. C. D. E.

89 — **Puêr.** Plafond, cartouches, chaires à prêcher, fon-taines, plafond, panneau, décoration, etc. 36 pièces.

90 — **Roth.** Rocailles pittoresques, cartouches, etc. 12 pièces.

91 — **Raab** (**Henri**), graveur. Série de fleurs d'orfèvrerie et broderies Louis XIII. 4 feuilles.

92 — **Rudolp** (**Frederich**). Chapiteaux, rocailles. 4 pièces.

93 — **Rosch** (**G. S.**). 1730. Les douze mois de l'année. Manque le mois d'octobre.

94 — **Rumpp** (**Jean**). Rocaille, vases, portiques, car-touches, jeux, etc.

95 — **Rauch.** Motif rocaille avec figures fort curieuses comme gravures. 13 pièces.

96 — **Roscher** (**G. M.**). Motifs d'ornements, autels, etc. 27 pièces.

97 — **Solis** (**Virgile**). Peintre et graveur célèbre, né en 1514 à Nuremberg, mort à Francfort en 1562.

98 — **Solis** (**Virgile**). 1 vol. Gravures sur bois. Titre, portraits, vignettes, marque de Libraire, etc. 219 pièces.

99 — **Solis** (**Virgile**. Une frise contenant trois médaillons. Tête de femme.

100 — **Solis** (**Virgile**). Écusson, casque et lambrequin.

101 — **Solis** (**Virgile**). Une frise, feuillage, oiseau, cartouche, ornement, tête de femme et fruits.

Une frise avec vase au milieu. Lapin et oiseau, feuillage.

Une frise avec six médaillons avec tête de femme. Petits détails, arabesques, ornements. (Sera divisé.)

102 — **Virgile Solis et Josse Amman.** Les rois de France depuis Pharamond jusqu'à Henri IV. 63 pièces.

103 — **Schaufelein** (**Hans**), né à Nuremberg, élève d'Albert Dürer. La Passion, belle suite, grav. sur bois. 40 pièces. In-folio.

104 — **Schaufelein** (1522). Vie de Jésus-Christ, grav. sur bois. 28 pièces.

105 — **Schubart** (**Petrus**). Arcs de triomphe à la gloire des souverains allemands. 10 pièces.

106 — **Schillinger** (**G. P.**). Chaires à prêcher. 5 pièces.

107 — **Telat** (**Jacob Gottier**). Vases et cadres rocailles d'une grande originalité. 9 pièces.

108 — **Tyroff** (**Martin**). Cartouches. 8 pièces.

109 — **Wolgemut** (**Michel**). Grande chronique de Nuremberg de Sebardi Schreyer (1493). 1 vol.

110 — **Wendel-Dieterlein**. 6 pièces grotesques d'une
suite de 12 pièces.

111 — **Weigel** (**Christophe**). 1746. Détail d'ornements
pour pièce d'eau. 6 pièces.
   Détail d'ornements pour carrosse. 6 pièces.
   Carrosse traineau. 17 pièces.

112 — **Weigel** (**Christophe**). 1746. Détail d'ornements
pour carrosse, carrosse et traineau, détail d'ornements
pour pièces d'eau. 17 pièces.

113 — **Wolff**. Montants et pilastres avec figures. 6 pièces.

114 — **Inconnu**. Emblèmes. Cartouches. 19 pièces.

115 — **Inconnu**. Figures et ornements, gaines, fragments. 9 pièces (1549).

116 — **Inconnu**. Les Empereurs d'Occident. Rudolp
Emmanuel Deusch, au dos des gravures les arabesques de Paul Flœtneur (1609).

117 — **Inconnu**. Portraits de princes et princesses de la
maison d'Autriche.

118 — **Inconnu**. Princes allemands. 60 portraits.

119 — Phil. Andr. Kilian, J. Phil. Haïdt, Schmahl,
Erlinger, etc. 32 pièces.

120 — Extrémités de gaines, une frise : deux cavaliers se
bettant.

121 — Panneau en hauteur dont les ailes forment des
rinceaux.

122 — Canon long, vase et enfants.

123 — Pièces dans le genre d'Albert Glasse.

124 — Maître au monogramme, frise et panneau.

125 — Animaux et rinceaux, armoirie.

126 — Maître au monogramme M Z (1569), armoirie.

127 — **Herbermann.** Motif décoratif, meuble décoration intérieure, serrurerie, chaire à prêcher, etc. Un volume, 136 pl. 2 volumes divers, 97 pl.

128 — **Hubermann (Fr. Xav.).** 3 vol., 98 pièces.

129 — **Amman (Josse).** Gravures sur bois, portraits, illustrations, titres, et marques d'imprimeurs. Volume contenant 221 pièces.

130 — **Tobie Steinmer.** Portraits, titres et marques d'imprimeurs. Volume contenant 238 gravures sur bois.

131 — **Armoiries.** Un volume contenant un grand nombre d'armoiries et blasons, gravures sur bois du XVIe siècle.

132 — **Serrurerie.** Un album contenant des grilles, entrées de serrures, têtes de clefs, etc. De Bauman, Birckenfeld-Eichel, Gratner, etc. Louis XV et Louis XVI.

133 — **Armoiries et Portraits.** Un album contenant pièces, portraits, 127 pl.; pièces armoiries, 181 pl.

134 — **Divers.** Pièces : têtes de pages, culs-de-lampe, vignettes, portraits, etc. Vol. 265 pl.

135 — **Daniel Mignot.** 1616. Aigrettes, pendeloques et autres bijoux, beau titre. 10 pl.

136 — **Daniel Mignot**. 1616. Genre de la suite précédente. 4 pièces.

137 — **Daniel Mignot**. Pendeloques, ornements et pierres précieuses. 14 pl.

138 — Les Châteaux des roys de Bavière.

139 — **Eysler**. Titre compris, mascarons entourés d'ornements, enlacement de lignes et ornements, bordures et motifs, et bordures grotesques et ornements de rosace, frise, cartouches. Les Mois, culs-de-lampe et cahiers divers. Classé par cahier et numéroté. 66 planches.

140 — **Lipper (Jac.)**. Louis XVI. Grilles, rampes d'escaliers et potences. 13 pièces.

141 — **Riedel**. Trophées, bouquets, vases, etc. Dessins faits pour la céramique. 38 pl.

142 — **Hermann**. Plantes. 12 planches.

143 — **Divers**. Louis XVI. Copies de Lalonde par Hauer et autres. 8 pièces.

144 — **Hauer (J. F.)**. Frontispices et trophées, inventions nouvelles de différents vases, gaine, colonne, support, console, titre, fontaine, cartels, etc. Planches et suite de cahiers divers. 30 planches.

145 — **Amman (Josse)**. Guerriers avec armoiries, et divisés en quatre parties par quatre titres. 70 pages contenant 136 planches.

146 — **Merken (Joan)**. 1782. Un volume, calligraphie, contenant 56 pages.

147 — **Nilson (J. E.)**. Un volume contenant les souverains et seigneurs de l'Europe et de l'Asie. 101 pièces.

148 — **Cuvillies** (**De**). Meubles, décorations intérieures, panneaux, etc. Volumes contenant 102 pl.

149 — **Schübler** (**Joh. Jac.**). Meubles, grilles et décorations intérieures. Volume contenant 128 pièces.

150 — **Vachsmuht** (**J.**). Motif de décoration, avec et sans figures, cartels, retables, confessionnaux, meubles, etc. Un volume contenant 123 pièces.

151 — **Lenckers** (**Hans**). Un volume dans sa vieille reliure : Perspectiven hierinnen mit Exempeln, etc. 1571. 1re partie. 2e partie, Perspectiven litteraria, 1595. Le tout relié ensemble. — 1re partie, 34 feuilles dont 11 planches en gravures sur bois. 2e partie, 22 planches gravées sur cuivre où se trouvent tout l'alphabet et plusieurs figures géométriques, plus 2 feuilles de texte.

152 — **Lenckers** (**Hans**). Perspectiven, exemplaire postérieur au précédent, réédition avec un titre et un portrait de l'auteur par Lucas Kilian. Cette deuxième édition datée de 1616. 47 pages numérotées plus 8 feuilles de l'éditeur, le portrait et le titre, ce qui fait 10. 57 pages en tout.

153 — **Biller, Bichel.** De Bichel, Biller, Steinlein et autres, Nunza, Rudolph, G. Visscher, Ulrich, Stapf, etc. Album contenant 148 pièces.

154 — **Église de Manheim** (l'), avec tous les portraits de la famille qui a régné sur le Palatinat. Un volume in-folio.

155 — **Unteütsch Frederic.** Meubles et détails, décorations d'églises et autres. Wilhelm Pfann, dans le

même genre, montants, avec scènes et personnages. Volume contenant 151 pièces.

156 — **Lindner (Joanne)**. Die heilige Schrift alten und neuen Testaments in hundert Kupfertafeln. 100 pièces.

157 — **Grand'homme** ou **Grosmann**. Suite de trophées, vases et fleurs sur des socles, suite de trophées de fleurs et objets divers, trophée d'animaux, bouquet pour la porcelaine et encadrement. 16 pièces.

158 — **Maître au monogramme W. A.** Brulliot pense que c'est Jacque Walet, maître allemand qui travailla vers 1480. Vase ogival en forme de hanap. Wenceslas. Martin Schœen. Wierix. 4 pièces.

159 — **Bœcklern (George-André)**. Architectura curiosa nova, exponens, etc. Nuremberg, 1701.

160 — **Rœsch**. Figures, ornements, trophées et objets divers. 12 feuilles.

161 — **Freuhrich**. Triomphes de la religion de Jésus-Christ. 11 pl.

162 — **Vorbilder**. Füs fabrikanten und handwerkes. 2 vol.

163 — Cartouches, rocaille, plafond. Titres, chaire à prêcher, etc. Divers. 16 pièces.

164 — **Bucher Br. et A. Gnanth**. Das Kunsthandwerk... Stuttgart, années 1874, 1875.

165 — **Jamitzer Wentzeln**. Perspectiva corporum Regularium. Ouvrage de perspective dont tous les titres, au nombre de 7, sont de Josse Amman, édité à Nuremberg en 1568. L'ouvrage se compose de 50 pl. et d'un texte.

166 — Série de modèles d'Écritures de plusieurs nations entourés de cartouches Renaissance. Titre allemand. 28 pièces.

167 — **J. Jacob Schübler.** Traité de perspective publié à Nuremberg. 1719. 2 vol.

168 — **Lucas Kilian.** Panneaux et frises d'un genre très grotesque et baroque. 9 pièces.

169 — **Hans Sébald Béham.** Une frise et un cadre, ornements et figures. Ces deux pièces gravées sur bois sont belles et rares. 2 pièces.

170 — **Josse Amman.** Figures géométriques et en perspective, bien conservées. 28 pièces.

171 — Palais, églises et autres pièces. 18 pièces.

172 — **Rodex.** Sujets historiques. 70 pièces.
Bang. Gobelets. 2 pièces.
Pit Berge. Portraits de souverains. 4 pièces.
Paul Decker. Batailles de Louis XIV. 20 pièces.
— Modèle d'Écriture. 5 pièces.
Inconnu. Col et manchettes. Dentelles et broderies. Bijouterie, belles pièces rares. 5 pièces.

173 — **Albert Durer, H. Burgmaër, etc.** Sur le char, sur la vie et la marche triomphale de Maximilien. 16 feuilles contenant 64 bois environ.

174 — **Georges Herman,** de Nuremberg, 1624. Point, coupes et points de tapisseries octance, etc. Splendide réunion de pièces très rares. 102 pièces.

175 — **Rigel et Klauber.** 13 pièces.

176 — **Baumgartmer**. Louis XV. Grandes compositions faites pour le triomphe de la religion. 18 pièces.

177 — **Klauber**. 15 pièces.

178 — **Sibmacher** (**Hans**). Pièce armoirie : épreuve avant toute lettre. — Pièces : Titres d'un ouvrage sur les emblèmes. 6 pièces.

179 — **Kager** (**Mathias**). Armoiries dans de riches entourages, gravées par Alexandre Mair. 2 pièces.

180 — Les Éléments. 3 pièces.

181 — Diverses pièces de tapisseries.

182 — **Baur** (**Willhelm**). Portiques et Palais de Joh. Willhelm Bauren in Italia nach dem Leben gezeichnet, Série de 23 pièces. 2 pièces fontaines. 25 pièces.

183 — **Baur** (**Willhelm**). 39 pièces. Suite de vues de Palais, vues de Jardins et paysages. 1681.

183 — **Baur** (**Willhelm**). Johanus Sübylla Kuslen. Suite de 6 pièces, 1680. Vues de cascades dans des jardins.

ÉCOLE FLAMANDE

184 — **Michel Leblond** ou **Blondus**, 1590 à 1656. Quoiqu'il soit Allemand de naissance, son nom fait soupçonner qu'il était Français d'origine. Comme c'est à Amsterdam qu'il a toujours travaillé, nous le rangeons parmi les maitres hollandais. Suite de manches de couteau. Splendide d'épreuve et de conservation. 6 pièces. Un fond de plat. Superbe épreuve, rare. Les

armoiries de la famille Hellemans. Superbe. Manches de couteau. Partie d'une suite. Trois pièces sur une feuille. Pièces diverses par et d'après Leblond.

185 — **Théodore de Bry**, le père, né à Liège en 1528, mort à Francfort en 1598. Grand compositeur, habile dessinateur et graveur. Un grand fond de coupe, les *Anabaptistes*, scène entourée d'une bordure très riche. Les *Hommes illustres*, gravé par de Bry, 1628 et publié en 1631, en trois parties. 166 pièces, 1 volume.

186 — **Théodore de Bry**. 19 pièces d'un grand alphabet se composant de 24 lettres plus un titre. Il nous manque les G, H, X, Y, Z.

187 — **Théodore de Bry**. Une frise riche d'ornements et figures modelées sur fond blanc au milieu.

188 — **Théodore de Bry**. Emblemata. Petit ouvrage publié à Francfort, par Sigismond Feierabend, en 1592. 62 pièces.

189 — **Théodore de Bry**. 106 portraits. 1 volume.

190 — **Théodore de Bry**. Une suite de quatre fonds de coupe avec trois portraits d'empereurs romains, par coupe, entourés de détails d'ornements, de figures et d'animaux.

191 — **Théodore de Bry**. Composition de figures dans un rond, couronne de roses et un carré d'ornements. Frises, belles compositions sur fond noir et blanc. Extrémités de dagues, porte-couteau, fourreaux d'épée, étui à épingles, deux entrées de fourreau, un dessus de boîte ovale. Signé en toutes lettres.

192 — **Théodore de Bry**. Encadrements divers et fort

beaux composés avec fleurs, fruits, insectes, animaux
et figures. Ces encadrements avec des carrés au milieu
ont été publiés avec des blasons. 21 pièces.

193 — **Théodore de Bry**. Un fond de coupe d'une suite
de quatre, au milieu une figure, le capitaine Prudet,
autour une légende de Hoopman van Weisheyt, un
entourage composé de scènes avec beaucoup de figures.

194 — **Israel de Bry**. Portraits de sultanes et sultans,
dont des ronds au milieu de carrés très ornés. 14 pièces.

195 — **Hans Adrien Collaert**. Suite splendide de compositions et de gravures, figures mythologiques sur
fond noir. Tous les détails sont modelés au clair.
6 pl.

196 — **Hans Collaert**. Sujets dans des ovales : *Mutius
Scévola, etc., Lucrèce, Cléopátre, etc.* 8 pl.

197 — **Hans Collaert**. Pendeloques avec détails arabes
et petites niches. Au milieu, des bijoux avec des vases
ou des figures. 5 pièces.

198 — **Hans Collaert**. Voici le titre : Antverpiae apud
Joannem Liefrinck : Cum privilegio. Nous ne possédons que cinq pièces, le titre compris.

199 — **Hans Collaert**. Des monstres marins, avec figures
sur leur dos, des ornements et des pierres précieuses
qui les accompagnent. 4 pièces.

200 — **Hans Collaert**. Un fond de coupe, couverte de
boîte. 2 pièces.

201 — **Hans Collaert**. Croix et médaillons, avec petits
motifs au bas des pièces. 5 pièces.

202 — **Joannis Collaert**. Une suite de dix pièces dont voici le titre : *Mosilium bullarum inavriumque artificiocissimæ icones. Joannis Collaert opus postremum.* Pendeloques composées d'ornements, pierres précieuses, perles et figures. 10 pièces.

203 — **Janssen** (**H**.), orfèvre, dessinateur et graveur, très recherché et très estimé, contemporain de Blondus. Ovales, belles compositions rares. 4 pièces.

204 — **Janssen** (**H**.). Plat composé de 4 parties réunies et collées l'une à côté de l'autre.

205 — **Janssen** (**H**.). xvir[e] siècle. Grand plat rond ; petit plat ovale. 2 pièces.

206 — **Janssen** (**H**.). 1630. Petits panneaux en hauteur. Des personnages en costumes Louis XIII dans le bas et au-dessous des enroulements d'ornements avec des oiseaux et des chiens. Rares. 4 pièces.

207 — **Wierix** (**Jérome**), né en 1551, a travaillé avec ses frères. Nous avons 7 pièces d'une suite de 8, titre compris : cartouches Renaissance.

208 — **Lucas de Leyde**. 1528. Panneau d'ornements. Au milieu, un homme ailé qui tient de la main gauche un caducée, est accroupi sur un plateau entre deux sphinx.

209 — **Lucas de Leyde**. Une pièce en hauteur dans le style Albert Dürer. Deux dauphins mordent le bord d'une vasque dans laquelle une tête entourée d'ornements ; au-dessous, une tête de bélier.

210 — **Lucas de Leyde**. 1514. Dans deux ronds ornemanisés, deux enfants sur des nuages ; celui de droite

montre une girouette et l'autre touche un globe avec une baguette.

211 — **Lucas de Leyde**. 1528. Panneau en hauteur. Au bas sont deux sirènes qui se regardent dans des miroirs. Dans la partie supérieure, on voit des animaux chimériques.

212 — **Lucas de Leyde**. Dans un rond ornemanisé, deux enfants sur des nuages; celui de droite montre une girouette. — Tête de guerrier dans un rond entouré d'ornemente. — Le même double. Superbe épreuve. Sujets de sainteté. 3 pièces.

213 — **Lucas de Leyde**. 1527. Pièce en largeur. Un homme et une femme dans deux ronds de feuilles d'ornements tiennent un écusson; chacune des figures ont des nageoires, etc. — Pièces en largeur. Au milieu, un écusson avec une tête entourée d'ornements; sur chaque côté, un ange soutenant un écusson. 2 pièces.

214 — **Corneille Bas**. 1554. Petit montant signé C B, 1548, frises. Panneaux signés C B, 1554; panneaux genre Floris; panneaux genre René Boivin. En tout 23 pièces.

215 — **Crispin de Passe**, le vieux, dessinateur et graveur, né à Armuyde, en Zélande, vers 1536; il a travaillé à Utrecht, à Amsterdam, Cologne, Paris et Londres. Nous avons une suite de six pièces, quinque sensuum typi in usum, etc., Lilo. Crispionem Passcum.

216 — **Floris**. Cartouches. 24 pièces.

217 — **Galle** (**Philippe**). 1560. Cartouches entourés

d'enfants, les Vices, Femme allégorique, les Péchés,
la Fortune, etc. Pièces diverses. 25 pièces.

218 — **Jean Sadeler**, dessinateur et graveur, né à
Bruxelles en 1550, est mort à Venise en 1610. Scènes
de la Passion dans des ornements Renaissance très
riches. Il nous manque le titre. 13 pièces.

219 — **Heylbrouck de Gand.** 11 pièces de bijouterie.
Ces pièces sont riches, bien dessinées et gravées au
burin dans la perfection. Cet artiste, qui était très
habile, a dû produire beaucoup de pièces, et nous n'en
possédons que quelques-unes. C'est un maître à re-
chercher.

220 — **Nicolas de Bruyn.** Titres Volatilium et Animalium. 2 pièces.

221 — **Nicolas de Bruyn.** Trois portraits d'une suite
de 12. Ces portraits sont ceux de J. César, Godefroid
de Bouillon et Charlemagne.

222 — **Abraham de Bruyn.** Histoire de Jésus. 6 pièces.

223 — **Marc Gérard**, né à Bruges vers 1530. Cet artiste
était universel : dessinateur, graveur, peintre d'histoire et architecte. Les Éléments. Manque l'Air.
3 pièces.

224 — **Nielles** d'un inconnu. Figures et ornements très
remarquables. Rare. 5 pièces.

225 — **Marc Gérard**, né à Bruges vers 1530 et mort en
Angleterre vers 1590, célèbre graveur, dessinateur et
peintre. Ornements, figures, fruits et animaux.
3 pièces.

226 — **Martin de Vos**. Pièces de diverses suites. Figures allégoriques, portraits, sujets religieux, etc. 35 pièces.

227 — **Popelyn (Claudius)**. Les Troys Libvres de l'art du Potiers, esquels se traicte non seulement de la Praticque, mais briefement de tous les secrets de cette chouse, etc. Translatés de l'italien en langue françoise par Maistre Claudius Popelyn, Parisien, d'après le cavalier Cypriani Piccolpassi Durantoys. Paris, 1861. 1 volume, texte et planches.

228 — **Joannes Baptiste Sorin**. 1 volume.

229 — **Jérome Wierix**. 1551. Les Sept Psaumes de la Pénitence. Cartouches Renaissance. Nous en avons sept au lieu de huit. 7 pièces.

230 — **Hans Vredemann de Vriese**. 1527. Architecture ou composition sur les cinq ordres divers en trois parties. En tout des pièces publiées à Anvers (1563-1578). 51 pl.

231 — **Hans Vredeman de Vries.** 1583. Palais et décoration intérieure et extérieure. 37 pl.

232 — **Hans Vredeman de Vries.** Les Puits. 7 pièces. — Vases. 2 pièces. — Fontaines. 5 pièces. — Panoplies. 1 pièce. — Meubles. 3 pièces. — Cariatides. 6 pièces. — Ornements, oiseaux et figures. 7 pièces.

233 — **Hans Vredeman de Vries.** Palais sur canaux. Vues en perspective. Sont incomplètes. 21 pièces.

234 — **Hans Vredeman de Vries**, dessinateur, peintre, architecte. 1627. Grotesques offrant des cartouches d'arabesques. Manque le titre. Belle suite de 14 pièces.

235 — **Hans Vredeman de Vries**. Architectura. Les

cinq ordres avec compositions d'après ces ordres. Publié par De Jode vers 1577. 11 pièces.

236 — **Hans Vredeman de Vries.** Tombeaux d'une grande richesse. Il nous manque le n° 2. 27 pièces.

237 — **Hans Vredeman de Vries.** Variæ architecturæ. Gravé par Théodore Galle. Il manque les pièces nos 3 et 19. Ces gravures représentent des ovales ornementés dans lesquels il y a des palais mis en perspective. Nous avons 18 pièces et le titre. 19 pièces en tout.

238 — **Clémentis Perreti.** 1569. Éditées par Cornelius de Hoogue. 35 pièces.

239 — **Goltzius (H.).** Figures allégoriques. Les Saisons et divers. 15 pièces.

240 — Maître au monogramme MK. Fin du xvie siècle. Frise, ornements, fruits et figures. 13 pièces.

241 — Divers. Philippe Galle, Martin de Vos, Groningue, 1570. Stradan, suite et titre. A. Blœmaert, etc., titre. Pièces diverses.

242 — Divers. 1582. Crispin de Passe, Goltzius, Ghem, Paulus Mayer, etc., etc. Figures, portraits, allégories. 22 pièces.

243 — **Stradan (Jean).** Pièces diverses. 30 pl.

244 — **Winter (Antoine de).** 1696. Nouveau livre d'ornements et d'ouvrages d'orfèvrerie le plus en usage propre pour graver, etc. Amsterdam. Tome Ier incomplet. 9 pl.

245 — Inconnu. Dans des formes ovales. Plus un por-

trait de saint Dominique et un portrait marqué G. 13 pièces.

246 — Maître au monogramme PR. K. Le milieu niellé. 3 médaillons.

247 — **Bernard Zank Wechter.** Nielle, figure, Vierge et enfant. Curieuse pièce, 1420, épreuve et contre-épreuve. — Serrurerie, Yon del P. Bouche. Curieuses pièces.

248 — Divers. Titres. 14 pièces.

249 — **Passe (Crispin de).** 1 pièce, titre, imprimée chez lui, à Cologne. 1 pièce, Hercule combattant un dragon, d'après Marc Girard. D'une suite de douze. 2 pièces.

250 — **Jager (Joh.).** et autres. Fruits et fleurs avec enfants. Pour orfèvrerie. 16 pièces.

251 — Divers. Fleurs et fruits. 6 pièces.

252 — **Lock.** Londres, 1752. Cartouches rocailles (Johnson, Foster et Collins). 17 pièces.

253 — **Berchet (P. del).** xviie siècle. Louis XIII. Pièces diverses.

254 — **Pearce (Edward).** Suite de 8 pièces.

255 — **Guien (Jean),** joaillier et graveur à Londres. Vers 1762. Bijoux. 4 pièces.

256 — **Herbst (Jean-Baptiste),** bijoutier et orfèvre. 4 pièces d'une suite publiée à Londres en 1720.

ÉCOLE ITALIENNE

ORNEMENTS ET FIGURES

257 — **Lafreri** (**Antoine**) (1550). Trophées d'armes. 21 pièces.

258 — **Vénitien** (**Augustin**) (1531). Suite de frises, feuillages, vases. A. V. 8 pièces.

259 — **Cherubini** (**Alberti**). Grand bois, burin. 2 pl.

260 — **Polifilo Giancarli**, inv. (1642). 9 pièces.

261 — **Piranèse**. Meubles, armes et objets divers 11 pièces.

262 — **Énée Vico** (1543). Vases. 14 pièces.

263 — **Enée Vico**. Portrait et divers. 20 pièces.

264 — **Bartolomméo de Brescia**. Emblèmes. 16 pièces.

265 — 8 pièces représentant des enfants dans des ornements, exerçant différents métiers, de la fin du XVIᵉ siècle.

266 — **Cerinus** (**Petrus**). Frises. 12 pièces.

267 — (1642). Cartouche. 18 pièces.

268 — **Mitelli** (**Agostino**). Freggi dell' Architettura dedicati all' Illustrissimo sig. Il sig. Co. Hettore Chrisilini da Agostino Mitelli pittore. In Bologna, 1645. Suite de 24 pl., titres.

269 — **Zerman** (**Pietro**). Armoiries des différents papes romains. 22 pièces.

270 — **Albertolli**. 4 pièces.

271 — **Castellus** et **autres**. Titres, portraits et entourages. 6 pièces.

272 — **Vinciolo Vénitien**. Titre aux armes et dédié à Catherine de Médicis, la reine-mère. Les Armes de France. Ouvrage publié à Paris par Jean Le Clerc, rue Saint-Jean-de-Latran, à la Salamandre. 1596. Complet, 81 pièces. — Dessins des deux côtés et de l'invention de Giovanni Ootens, à Venize, 1567. 13 pièces. — Points de tapisserie, un recueil de broderies. 16 pièces, 11 feuilles.

273 — **Scalzuès (Ludovicus)**. Détails d'ornements, feuillages et chapiteau. 7 pièces.

274 — **Vinciolo** (d'après). Copies allemandes. 35 pièces.

275 — Série d'ornements, style Louis XIII. 23 feuilles.

276 — **Pittoni** (**J. B.**). Les Quatre Saisons, et divers. 6 pièces.

277 — **Pitoni (Baptista)**. Al molto mag° et excell° s^r Alexandro Fedrici nobile Trivigiano rarissi. D. dileggi Baptista Pitoni incenz°. (1561). Frises. 9 pièces.

278 — **Bibliena**. Décorations théâtrales. 5 pièces.

279 — **Inconnu**. 10 pièces bijoux.

280 — **D. M. Albini** (1680). Bijoux. 1 pièce.

281 — **Jean-Baptiste Grondoni**, de Gênes (1715). Bijoux. 6 pièces.

282 — **Bedeschinus** (1688). 9 pièces.

283 — **Rosis**. Détails d'architecture, ensemble et frises. 7 pièces.

284 — **Ottani**. Cartouches. 13 pièces.

285 — **Amiconi**. Les Éléments. — Les Heures — Les Cinq Sens. — Divers. 9 pièces.

286 — **Amiconi** (1766). L'Architecture. — La Sculpture. — L'Astronomie. — La Poésie. — La Peinture. — La Musique. 6 pièces.

287 — (1767.) Dessins d'ornements inventés par C. L., gravés par I. C. Mallia. 6 feuilles.

288 — **B. Betti**, inv. Alphabet composé de lettres et figures. 25 pièces.

289 — **Zocchi**. Frises et portraits. 13 pièces.

290 — **Raphael** (1797). Les Loges. 8 pièces du grand exemplaire.

291 — **Raphael**. Les Loges. 14 pl. du petit exemplaire.

292 — **Panini et divers**. Cheminée. — Encadrement. — Écusson. — Plan de Udine, etc. 14 pièces.

293 — **Maitre à la Chausse-trappe**. Chapiteaux et bases de colonnes. 4 pièces.

294 — **Bossi**. Les Saisons représentées par des médaillons en relief. — Médaillon. — Masque de l'Amour. — Cul-de-lampe. — Vase. — Console, etc. 10 pièces.

295 — **Soria (Jean-Baptiste)**. Divers ouvrages d'architecture incomplets. — Les Cinq Ordres complets. En tout 107 pl.

296 — **Polifilo et Zencarli** (1636). Suite et un titre. — Frises. 13 pièces.

297 — **Tampesta**. Album. Sujets historiques. 49 pièces.

298 — **Cressi de Milan** (1525). Alphabet, belles lettres en entrelacs, entourées d'ornements, figures et animaux. 22 lettres et un titre.

299 — **Della Bella**. Vases, frises, cartouches, figures et animaux. 63 pièces.

ÉCOLE FRANÇAISE

DU XVIᵉ AU XVIIIᵉ SIÈCLE

300 — Commencement du xviᵉ siècle. La Mer des histoires sous Louis XII.

301 — **Etienne de Laulne** ou **Stephanus** (1561). Pièces sur fond blanc remplies d'ornements, qui servent de cadre à des figures représentant les sciences. 6 p'.

302 — **Etienne de Laulne**. Pièces rondes sur fond noir, charmantes compositions avec figures, animaux et ornements. 6 pl.

303 — **Etienne de Laulne**. Pièces sur fond noir, représentant les Sciences et les Arts, personnifiées par des femmes debout, dans des panneaux d'ornement. 6 pl. Très belles pièces.

304 — **Etienne de Laulne**. (xviᵉ siècle). Ovales, compositions sur fond noir des dieux de la Fable : Junon, Jupiter, Minerve, etc. 7 pl. divers.

3o5 — **Etienne de Laulne**. Sujets bibliques. 3 pièces en largeur, ornements. 2 pièces.

3o6 — **Etienne de Laulne** (156o). Les Dieux de la Fable au milieu de figures de chimères et d'ornements. Très belles compositions. 6 pièces.

3o7 — **Etienne de Laulne**. Frises. 4 pl.

3o8 — **Inconnu** (xvie siècle). Très beau vase.

3o9 — **Collat**. Fin du xvie siècle. Cheminées. 4 pièces.

3io — **Leroy** (**Henri**). Pièces de plusieurs suites, contenant fleurs, oiseaux, ornements, fruits. Genre Leblond. 20 pl.

3ii — **Maître au monogramme** (xviie siècle). **H. P.** in. Arquebuserie. 4 pl.

3i2 — **Hurtu** (**Jacques**), orfèvre et graveur. 6 pl.

3i3 — **Marot** (**Jean**). Devants d'autels, titre des cheminées. 6 pl.

3i4 — **Jean Marot**. Bâtiments, 37 pièces. Vases, 25 pièces.

3i5 — **Toutin** (**J.**). 16i9. Émailleur et graveur, à Châteaudun. Dessins d'orfèvrerie pour émaux. 6 pl.

3i6 — **Gédéon L'Égaré**, au faubourg Saint-Germain, rue Saint-Lambert (1625). Livre d'orfèvrerie avec privilège du Roi. Suite de 6 feuilles.

3i7 — **Blasset** (**N.**), architecte. Épitaphes ou plaques sépulcrales, très belles d'ornementations. 7 pièces.

3i8 — **Barbet** (**J.**). Livre de cheminées et autels, copies allemandes, par Abraham Aubry (1645). 17 pièces. 4 de ces pièces se trouvent doubles en originaux.

3 19 — **Barbet** (**J.**). 21 pièces, 1 pièce titre. Explication facile et briefve des cinq ordres d'architecture, démontrée par M. Frémin (1644). 22 pièces.

3 20 — **Audran** (**Charles**). Le 12ᵉ mois de l'année. 6 feuilles.

3 21 — **Charmeton**, né à Lyon (1617). Grands plafonds, 2 pl. Montants divers, ornements, 6 pl. Vases, 2 pl. Moulures, 8 pl. Carrosseries, 6 pl. Dessus de porte. 2 pl. Frises.

3 22 — **Gilles L'Égaré** (1663). Dessins d'orfèvrerie, par Gilles L'Égaré, avec privilège du roi. Livre second. 7 pièces d'une suite de 12 pièces.

3 23 — **J. Berain**, né à Saint-Mihiel, en 1638. Suite de 12 pièces, montants d'ornements et panneaux pouvant se doubler, blasons, mascarons, etc., etc., et une étude d'après Aldegrever ; il nous manque le nº 11.

3 24 — **Berain** (**Jean**). Volume à grandes marges, contenant le portrait, le titre, plus 100 pl. Reliure du temps.

3 25 — **Berain**. Décoration théâtrale, médaillon encadré, frise, grand panneau, costumes d'Endymion, grandes pièces parterres, etc. 16 pl.

3 26 — **Berain**. Ornements de peinture et de sculpture, qui sont dans la galerie d'Apollon, au Louvre et dans les Tuileries, dessinés et gravés par les sieurs Berain, Chauveau et Lemoine (1710), plus une grande pièce : le Neptune Français. Titre.

3 27 — **Berain**. Galerie d'Apollon. Arquebuserie, étude, tabatières, blasons, ornements, frises et motifs. 5 pl.

3 28 — **Vauquier** (Louis XIV). Ornements, fleurs, compositions pour boîtes. 4 pl.

329 — **Louis Roupert**, orfèvre à Metz (1668). Dessins de feuillages et d'ornement pour l'orfèvrerie et la niellure, un portrait et 6 pl. Rare.

330 — **Vauquier**. Fleurs, bouquets et couronnes, et pièces diverses. Album, 128 pl.

331 — **Vauquier**. Religieuses. Titres de fleurs, ornements, etc. 15 pl.

332 — **Montcornet (Balthazar)**, peintre, graveur et marchand d'estampes, né à Rouen vers 1630. Fleurs pour la joaillerie. 12 pl.

333 — **Bourdon**. Titres et grandes pièces rangées par suite de six feuilles et divers, en tout 21 pl. Manque 1 pièce.

334 — **Maître aux monogrammes P. C.** (1672). Livre d'orfèvrerie et de taille d'épargne, nouvellement mis au jour par P. C. Titre, etc. 5 pl.

335 — **Lepautre**. Frise. 14 pl.

336 — **Toro (Bernard)**, né à Toulon, élève de Puget. Animaux chimériques, tables, casques et boucliers, panneau en hauteur, titre orfèvrerie, vases Cochin, frontons, cartouches, etc. 52 pl.

337 — **Le Blond**. Plan et élévation des plus beaux confessionnaux de Paris, très fidèlement mesuré. A Paris, chez Le Blond (1688). Cahier de 6 pièces.

338 — **Daniel Marot**, né à Paris, 1650, mort en Hollande, 1712. Horloges, 3 pièces. Carrosses et chaises à porteurs, 3 pièces. Nouveau livre de peintures de salles et d'escaliers, 3 pièces. Suite de jardins fran-

çais, 17 pl., manque 1 pièce. Nouveau livre de housses
en broderies et gallons, 4 pièces.

339 — **Daniel Marot**. Second livre d'appartement.
Copies allemandes. Dossiers en gallon. Lit. Vases
pour jardins, 2 pièces. Décoration théâtrale, 4 pièces.
Fontaine de cuisine, 1 pièce. Panneau d'ornement,
4 pièces. Broderies, chaises, tapis, statues, 5 pièces.
Cadres, moulures, glaces, tables, 4 pièces. Plafonds,
4 pièces. Cheminée, 1 pièce. Panneaux, 2 pièces.

340 — **Briceau**, orfèvre, Paris (1709). 6 pl.

341 — **Israël Sylvestre**. Le Carrousel de Louis XIV.
Complet. 1 vol. in-folio.

342 — **Roumier**. Louis XIV. Décoration d'église, coins
de cadres, cadres de glaces. 5 pièces.

343 — **Loir**. Louis XIV. Éventails, plafond, tables, dessus de portes, petits panneaux, frises et guéridons.
28 pl.

344 — **Baquerelle**. Panneaux décoratifs et broderies.
7 pl.

345 — **Sébastien Le Clerc**. Divers et petites pièces.
38 pl.

346 — **Mariette**. Nouveaux dessins pour tabatières contenant quatre tabatières par feuille et un titre, soit :
7 pl.

347 — **Bernard Picart**, dessinateur et graveur, né à
Paris le 11 juin 1673, mort à Amsterdam, 8 mai 1733.
Livre contenant le portrait de Picart, titres, portraits,
lettres ornées, culs-de-lampe, têtes de pages, etc.,
ensemble 335 pl.

348 — **Bernard Picart**. Œuvres de Fontenelle reliées de l'époque, avec une double suite de figures, tirées à part. 3 vol.

349 — **Bernard Picart**. Recueil des gravures pour Boileau et pour Fontenelle.

350 — **Bernard Picart**. Carrosse du duc d'Ossuna. 4 planches.

351 — **Bernard Picart**. Grandes pièces, titres et frontispices d'ouvrages, 7 pl., puis 12 pièces gravées d'après des dessins de maîtres. 19 pièces.

352 — **Bourguet**. 1702. Premier cahier incomplet. Livre second, 1723; les planches sont triples. Cahier de 12 pl. Manque 213.

353 — **De Lacollombe**. 1730. Dessins d'arquebuserie. 6 pl.

354 — **Du Cerceau**. Louis XIV. Divers. 35 pl.

355 — **Mansart (Jean, l'aîné)**. Cheminées ornées de leurs glaces et orgue. 5 pl.

356 — **Simon Vouet**. Panneaux décoratifs. 18 pl.

357 — **Babel**. Titres et portraits par Eisen. 12 pièces.

358 — **Babel**. Cadres, cartouches et compartiments d'ornements, avec fontaines et trophées, décorations. 25 pièces.

359 — **Jacques**. Les Quatre Éléments, grandes pièces, petits vases et fleurs, en tout 10 pièces.

360 — **Roguié**. Livre de Chinois. A Paris, chez Roguié, rue Saint-Jacques, *Au Boisseau d'or*. Suite de 7 pièces

représentant des personnages tels que : philosophe chinois, pêcheuse, organiste chinois, marchande de rossignols, petit maître, dac-nar chinois, dans des costumes plus ou moins fantastiqués. Gravure dans le genre de Huquier. 7 pièces.

361 — **François Boucher**. Figures chinoises. 12 pl. Divers, 26 pl.

362 — **Berthault**. Culs-de-lampe, pour Naples et Sicile.

363 — **Bachelier**. Collection de culs-de-lampe et fleurons, inventés et dessinés par Bachelier, peintre du roy, et gravés par P. P. Choffard. 1re suite, 6 pièces. 2e suite, 6 pièces.

364 — **Cornille** (**F**.). Chaires à prêcher, confessionnal, Porte et lutrin, etc. 6 pièces.

365 — **Le Brun** (**Charles**). La Grande Galerie de Versailles et les deux salons qui l'accompagnent, peints par Charles Le Brun et publiés par Massé. Paris, de l'imprimerie royale, 1752. 1 volume grand in-folio.

366 — Le Sacre de Louis XV, dans la cathédrale de Reims, 25 octobre 1722. 1 volume grand in-folio.

367 — **Briseux**. L'Art de bâtir. 2 vol. in-4º.

368 — **Briseux**. Traité du beau dans l'art. 2 vol. in-4º.

369 — **Desormiaux**. Histoire de la maison de Bourbon. Édition avec les culs-de-lampe de P. P. Choffard, et titres de pages de J. M. Moreau, en-tête de Fr. Boucher, et portraits de Fragonard, etc. 1772. 5 vol.

370 — **Hénault**. Nouvel abrégé chronologique de l'histoire de France, etc., orné de vignettes et fleurons en taille-douce, par J. M. Moreau et Cochin. Paris, 1768.

2 vol. Avec un charmant portrait de la reine, peint par J. M. Nattier, en 1755, et gravé par Ch. Gaucher en 1767. Superbe épreuve.

371 — **Hénault**. Nouvel abrégé chronologique de l'histoire de France, orné de vignettes et fleurons, taille-douce, par Cochin, etc. 1 vol., 1752.

372 — **Jeaurat (Edme-Sébastien)**. Traité de perspective à l'usage des artistes. A Paris, 1750. Superbe petite édition avec culs-de-lampe de Babel. 1 vol.

373 — **Jacque Barozzio Vignol**. Paris, 1767. Règle de cinq ordres d'architecture, on y joint un essai sur les mêmes ordres par les plus célèbres architectes, enrichi de vignettes, cartels, dessinés et gravés par Babel, titre par Moreau. 2e partie, par N. Le Sueur, 150 pl.

374 — **Gessner** (**S.**) Paysages dédiés à M. Watelet, auteur du poème sur l'art de peindre, par son ami S. Gessner. Bâle, 1764.

375 — **Daviller**, architecte. Les Cinq Ordres d'architecture. 1 vol.

376 — **Eisen** (**C.**). Un album contenant en vignettes, titres de pages, culs-de-lampe et titres, 238 pièces.

377 — **Album** composé d'un grand nombre de vues anciennes, topographie des villes de France, principalement la Champagne.

378 — **Le Brun**, Paris, 1679. Tapisseries du roy. Exemplaire relié en veau.

379 — **Album** contenant Babel, Cochin, Queverdo, Choffard et diverses autres pièces intéressantes.

380 — **Album** de vignettes, titres, portraits, culs-de-lampe, par Moreau, Le Barbier, Gravelot, Cochin, Queverdo, Eisen, etc. Splendide recueil. 312 pl.

381 — **Serrurerie.** Un album renfermant des grilles, balcons, rampes, etc., de Babin, Cuvillier, Huquier, Pelletier, Berard, Lucotte, etc. 75 pièces.

382 — **Tapisserie.** Volume contenant tapisserie mise au point. 97 pl.

383 — **Francine (Alexandre).** Livre d'architecture, contenant plusieurs portiques de différentes inventions sur les cinq ordres de colonnes. A Paris, 1631. 39 pièces.

384 — **Album** contenant des vases de différents maîtres et styles. 30 pièces.

385 — **Album** de paysages, par Weirotter, Vernet, Saint-Non, Waterlo, Robert Houël, Berchem, K. Dujardin, etc. 254 pl.

386 — **Perelle.** Album composé de paysages par Perelle. 167 pl.

387 — **Gessner (Salomon).** Pièces dessinées et gravées par lui, titres, vignettes, culs-de-lampe, titres de pages, vignettes de Le Barbier, son portrait, vignettes, titres pour les Idylles, etc. Album, 128 pl.

388 — **Aubert.** Portes cochères en deux parties. 3 pièces.

389 — **J. H.** inv. Série de 12 pièces, représentant des boutons ouvragés, fort curieuses pièces dont deux portent les nos 154 et 138 et sont gravées par J. L.

390 — **Cottar.** Nouveaux dessins de lambris, de menuiserie à panneaux de glace, dessinés par le sr Cottar, architecte du Roi, à Paris. 6 pièces.

391 — **Pineau**. Cartouches Louis XV et Louis XVI. Chaque feuille a trois cartouches. 6 feuilles.

392 — **Pineau**. Décorations intérieures. 23 pièces. — Nouveaux dessins de plafonds inventés par Pineau et qui peuvent s'exécuter en sculpture ou en peinture. 6 pièces. — Nouveaux dessins de lits inventés par le sr Pineau. 5 pièces. — 34 pièces.

393 — **Briseux**. Décorations d'appartements : pièces tirées du Beau essentiel dans l'art, de 76 à 88. 13 pièces.

394 — **Le Roux**. Décorations intérieures pour l'hôtel de Villars, l'hôtel de Villeroy, etc. 10 pièces.

395 — **Divers**. Décorations intérieures diverses. 5 pièces.

396 — **Divers**. Décorations intérieures, portes, portes cochères, plafonds. 16 pièces.

397 — **Feuillet (G.)**. Cheminées et leurs trumeaux. 7 pièces.

398 — **Chamblin**. Décorations intérieures pour la maison de M. Dodun, le palais Bourbon, l'hôtel de Lussin, etc. 12 pièces.

399 — **Harpin**. Décorations intérieures pour l'hôtel de Soubise, les appartements de Mme Rouilli, etc. 10 pièces.

400 — **Huquier**. Suite de paravents, compositions charmantes, rocaille avec personnages. Elles sont numérotées de 1 à 22. Manquent les nos 4, 13, 18. 19 planches.

401 — **Huquier**. Livres de différentes espèces d'oiseaux, plantes et fleurs de la Chine. Divisés en quatre parties. 60 planches. — 14 pièces de différents livres.

402 — **Huquier**. Une série de 17 feuilles se raccordant pour former un paravent. Composition dans le goût chinois. Nouveau livre propre à ceux qui veulent apprendre à dessiner l'ornement et à différents usages. 17 pièces.

403 — **Huquier**. De l'Iconologie, les nᵒˢ 7. C, — I. 2, — M. 12, — O. 11. 7, — S. 4. — 6 pièces. — 2 pièces d'une suite de douze. Nouveau livre de trophées et de fleurs étrangers. *Huquier inv. et sculp.* — 2 pièces : Chinoiseries, sur des motifs rocaille avec oiseaux et animaux. *Huquier Inv.* 10 planches.

404 — **Demarteau**. 1743. Élève de Lacollombe. 6 planches.

405 — **Demarteau**, le jeune. Suite de 26 planches. Manquent 8 pièces.

406 — **Peyrotte** (**A.**). Nouveaux livres de cartouches chinois, dédiés à MM. Gaspard Mayer de Fontanica. Première suite, A. 7 pièces, complet. — Deuxième partie, B. Second livre des Cartouches chinois, dédié à Mᵐᵉ de Fontanica. 7 pièces, complet. — 14 pièces en tout.

407 — **Peyrotte** (**A.**). Série de pièces diverses, trophées d'art et d'amours. La Pêche et la Musique, motif rocaille, fleurs, fantaisies, etc. 7 pièces.

408 — **Oppenort**. Tête de page Henri II et Catherine. Entourage d'une dédicace, joli entourage avec figures. Une pièce non terminée, cartouches, attribut, grande pièce, panneau de tapisserie. 5 planches.

409 — **Oppenort**. Troisième partie de l'œuvre du maître : cahier A, cahier B, cahier L. 10 pièces.

410 — **Oppenort**. Livre de Fragments d'architecture, d'après les plus beaux monuments, par G. M. Oppenort, etc. 6 planches.

411 — **Oppenord** (**G. M.**). Une série de douze Livres de chacun six pièces, formant la 2ᵉ partie, numéroté par des lettres et par série de 6 pièces. — Cahier A. Premier livre de différents morceaux à l'usage de tout ceux qui s'appliquent aux beaux-arts. 6 pièces, complet. — Cahier B. Deuxième livre contenant différents dessins de pendules. 2 pièces, face et côtés de pendules, pièces non terminées et avant la lettre. — Cahier C. Troisième livre contenant des frises ou panneaux en longueur, etc., le titre et le nᵒ 4. — Cahier D. Quatrième livre contenant des montants ou pilastres, etc., le titre 1, les nᵒˢ 2, 3, 4, 5. — Cahier F. Sixième livre contenant des feux ou grilles d'âtres de cheminées, le nᵒ 3, dont une partie en double à l'état d'eau-forte, 1 cheminée non terminée et sans lettre ni nᵒ, 1 pièce marquée F. 3., représentant un lutrin et des chandeliers d'église. — Cahier G. Livre des fontaines pour la décoration, etc., et divers autres cahiers. 37 pièces.

412 — **C. Gillot**. Feste du dieu Pan, célébrée par des sylvains et des nymphes. — Feste de Diane, troublée par des satyres. — Feste de Bacchus, célébrée par des satyres et des bacchantes. 3 pièces d'une suite de 4 pièces.

413 — **C. Gillot**. Une suite de 12 pièces numérotées de 1 à 12. — Nouveau livre de principes d'ornements, particulièrement pour trouver un nombre infini de formes qui en dépendent, d'après les dessins de C. Gillot, peintre du roy, gravé par Huquier. La

suite est complète, le titre seul est remonté, les épreuves des autres avec marges sont très belles. Ces compositions sont en double dans 10 pièces, le titre et l'avis au lecteur qui le suit sont d'une seule composition. 12 pièces en tout.

414 — **C. Gillot.** Livre d'ornements, trophées, culs-de-lampe, inventés par Gillot et gravés par Huquier. 3 pièces.

415 — **C. Gillot.** Les passions représentées par des satyres. La Naissance, l'Éducation, le Mariage, le Délassement, la Danse, le Travail, Sommeil de ville et de campagne, etc., dessin de clavecin. — Six pièces : Dieux et Déesses de l'antiquité. — Six pièces Arquebuserie, plusieurs de ces pièces sont avant la lettre. 20 pl.

416 — **J. De la Joue.** Deuxième partie. Livre d'architecture, paysages, perspectives ; par J. De la Joue, peintre du roy. Cahier B. 10 pièces.

417 — **J. De la Joue.** Quatrième partie. Livre d'architecture, paysages et perspective, par J. De la Joue, etc. 8 pièces.

418 — **J. De la Joue.** Recueil nouveau de différents cartouches, inventés par le S^r De la Joue, etc. 6 pièces.

419 — **J. De la Joue.** Livre nouveau de douze morceaux de Fantaisies utiles à divers usages, dédié à Monseigneur Louis Antoine de Pardaillan de Gondrin, etc., par son très humble et très obéissant serviteur, J. De la Joue, peintre ordinaire du roy, etc. 6 pl.

420 — **J. De la Joue.** Premier livre de divers morceaux

d'architecture, paysages et perspectives, inventés par
J. De la Joue, peintre ordinaire du roy et gravé par
Huquier. Suite de 12 pièces non numérotées.

421 — **J. De la Joue.** Écrans à mains. 4 motifs formant deux pièces d'une suite de 6 pièces. 2 pièces.

422 — **J. De la Joue.** 1 pièce. Cascade ou Fontaine,
motif d'ornement soutenu par deux femmes avec vases
le couronnant et bosquet faisant fond. 2 pièces.

423 — **J. De la Joue.** Dessus de portes, figures et
ornements. 3 pièces.

424 -- **J. De la Joue.** Livre de divers Esquices et Gri-
fonements, par J. De la Joue, peintre du roy, gravé
par Huquier. Suite de 10 pièces à 8 motifs par feuille.
10 pièces.

425 — **J. De la Joue.** Nouveaux tableaux d'ornements
et rocailles par J. De la Joue, peintre du roy. A Paris,
chez Huquier. Suite de vingt-quatre pièces, les 6 der-
nières nous manquent. 18 pièces.

426 — **J. De la Joue.** Second livre de Cartouches,
suite de douze pièces. Cahier portant la lettre B, dont
nous ne possédons que 5 pièces, deux seules sont
numérotées et portent les nos 45, les autres sont à
l'état d'eau-forte. 5 pièces.

427 — **J. De la Joue.** Livre de Cartouches de Guerre,
dédié à Monseigneur le duc de Mortemart, par son
très humble et très obéissant serviteur, J. De la Joue,
peintre ordinaire du roy, en son Académie et gravé
par Huquier. 5 pièces.

428 — **J. De la Joue.** Livre de Buffets, dédié à Mon-

sieur Bonier de la Mosson Bailly, Capitaine des
Chasses et Plaisirs de Sa Majesté, etc. 3 pièces.

429 — **J. De la Joue.** Cartouches, Ecran à main et
dessus de buffet. 7 pièces. Copies allemandes.
7 pièces.

430 — **Divers.** 76 planches de différents artistes. Louis XV
et Louis XVI.

431 — **Blondel.** Têtes de pages, culs-de-lampe et sujets
divers pour Molière. 30 petites pl.

432 — **Delafosse.** Cahier AA : attributs, poésie, musique, agriculture, peinture, sculpture, etc. 4 pièces.

433 — **Delafosse.** Cinquième livre. Attributs de chasse
et de pêche. 4 pl. et un titre.

434 — **Delafosse.** Lettre HH : chaires. 5 pièces. —
Attributs des Nations. 3 pièces. — Attributs d'amour
et de musique. 5 pl.

435 — **Delafosse.** Trophées. 5 pièces. — Attributs pas-
toraux. 4 pièces. — 3me livre. Attribut militaire, un
titre et 4 pièces. — 1er livre. Attribut d'église, un titre
et 4 feuilles. — Trépied. 4 feuilles. — Orfèvrerie.
10 pl. — Piédestaux, frises, cartouches, plafonds,
lutrins, etc. 18 pl. — Attribut de genre. 4 pl.

436 — **Delafosse.** Numérotés et classés : A. Chaises et
fauteuil, 4; — B. Canapés, 4; — D. Lits, 4; —
E. Écrans, 4; — G. Lits, 4; — L. Tables, guéridons,
secrétaire, 4; — Q. Canapés, encoignure; —
S. Poêle ou piédestal, 1; — X. Cheminées, 2; —
Z. Gaines, horloges, 2; — Divers, 4; — En tout
47 pl.

437 — **Watteau (A)**. L'*Air*, l'*Été*, l'*Escarpolette*, *Colombine* et *Arlequin*. 4 pièces. — *Chinois* et *Empereur chinois*, *Diane*, les *Plaisirs de la jeunesse*, les *Oiseleurs*. 5 pièces. — L'*Été*, le *Printemps*, le *Feu*, la *Terre*, l'*Amusement*. 5 pièces. — *Paravent*. 5 pièces. — Feste bachique. Partie de chasse. La Balançoire. 4 pièces.

438 — **Chedel**. Premier livre, titre, fontaine, cartouches, ornement, paysage, même titre pour le second. — Fontaine. — Événements militaires. 20 pl.

439 — **Fragonard**. Bas-reliefs. 4 pl.

440 — **Larue et Parizeau**. Pièces diverses. 27 pl.

441 — **Lucotte**, orfèvre, joaillier, metteur en œuvre. 5 pièces.

442 — **Ranson**. Deuxième série. Se compose de douze cahiers, marqués en chiffres romains : 1er cahier de groupes de fleurs et d'ornements, cahier A. 6 pièces. — 2e cahier de groupes de fleurs et d'ornements, cahier B. Il nous manque le no 2. 5 pièces. — 3e cahier de groupes de fleurs et ornements. 6 pièces. — Le cahier qui porte pourtant la lettre D et qui devrait être le 4e est marqué 5e cahier de groupes de fleurs et ornements pour la décoration. 6 pièces. — 7e Cahier d'ornements pour la boiserie d'appartement, pièces dont nous n'avons que les nos 1 et 3. 2 pièces. — 25 pièces en tout.

443 — **Ranson**. Suite des 21 cahiers marqués en chiffres arabes. Berthault, sculp. : 1re Suite de différents attributs, trophées et groupes de fleurs. 6 pièces. — 2e Suite de différents attributs, trophées et groupes de

fleurs. 6 pièces. — 4e Suite de groupes de fleurs et attributs pastorals. Manque le titre. 3 pièces. — 5e Cahier de vases et corbeilles de fleurs. 6 pièces. — 6e Suite de trophées de chasse, par Ranson, numérotés. 6 pièces. — 7e Cahier de trophées, de musique. 6 pièces. — 8e Cahier. Trophées divers, groupes de fleurs, d'ornements et de trophées. Nous n'avons que les nos 2, 4, 5, 6. 4 pièces. — 9e Cahier. Cadres numérotés. Manque le no 6. 5 pièces. — 10e Cahier de fleurs et vases. 6 pièces. — 11e Cahier de fleurs et trophées. 1 pièce.

444 — 12e Cahier. Trophées religieux. Nous n'avons que les nos 2 et 6. 2 pièces. — 14e Cahier de trophées de l'œuvre de Ranson. Berthault, sculpteur. Médaillons ronds et ovales, 4 par feuille. 6 pièces. Nous n'avons que les nos 2, 5. 2 pièces. — 15e Cahier de trophées. Berthault, sculpteur. 6 pièces numérotées de 1 à 6. Il nous manque le no 4. 5 pièces. — 16e Cahier de l'œuvre de Ranson. Cadres ovales à 2 par feuille. 6 pièces numérotées de 1 à 6. 6 pièces. — 17e Cahier de cartels et trophées, de l'œuvre de Ranson. Cadres en hauteur à 2 par feuille. 6 pièces numérotées de 1 à 6. Il nous manque les nos 4, 5. 4 pièces. — 18e cahier. Cartels et trophées de l'œuvre de Ranson. 6 pièces numérotées de 1 à 6. Berthault, sculp. Cadres. 6 pièces. — 19e Cahier de cartouches et ornements de l'œuvre de Ranson. Modèles de dossiers et de sièges. Nous n'avons que les nos 2, 3, 4, 6. 4 pièces. — 20e Cahier d'attributs et trophées de l'œuvre de Ranson. Même motif, le 5 ou 6. 5 pièces. — 86 pièces en tout.

445 — **Ranson**. 3e série, comprend dix cahiers. Pièces diverses, classé, incomplète. 10 pièces.

446 — **Saint-Aubin**. Premier recueil de chiffres, inventés
par de Saint-Aubin, dessinateur du Roi A. P. D. R.
et gravés par Marillier.

447 — **Saint-Aubin**. Chiffres, 2ᵉ suite. 6 pl.

448 — **Saint-Aubin**. Broderies pour vêtements. 4 pl.
Petits bouquets. 2 pl. — Mes petits bouquets. 5 pl.

449 — **Tessier**. Grandes études de fleurs. 23 pl.

450 — **P. P. Choffard**. D'après Bachelier pour les fables
de Lafontaine. 12 pièces.

451 — **Choffard**. Culs-de-lampe, titres, têtes de pages,
écussons, cartouches. 70 pièces.

452 — **Bruchon**. Chiffres enlacés, fleurs et rubans dans
des cadres de forme ovale, bouquet à la roulette imprimé en sanguine. 5 pièces.

453 — **Salembier**. Suite de dix cahiers, de chacun de
4 pièces. Principes d'ornements, soit 36 pl.

454 — **Salembier**. Une suite de deux cahiers de
4 pièces chacun. En tout, 8 pièces.

455 — **Salembier**. Suite de trois cahiers, gravé par
Juillet. Incomplet. 8 pièces.

456 — **Salembier**. Cahier d'arabesques, composées et
gravées par Sallembier. Une suite de 6 pièces. Complet.

457 — **Salembier**. Cahier de frises, composées et gravées par Sallembier. Une suite de 6 pièces. Complet.

458 — **Salembier**. Suite de dix cahiers de dix pièces,
cahiers de fleurs d'après nature, par Salembier.
16 pièces.

459 — **Salembier**. Suite de trois cahiers de six pièces. A Paris chez Bonnet : Trophées à Vénus. — Trophées à Flore. — Trophées à Bacchus. — Trophées à la gloire de Rome. — Trophées à la gloire des arts. — Trophées à la musique, etc. 12 planches.

460 — **Salembier**. Huit cahiers, de 1 à 48. 2 planches. — Console surmontée de sa glace, plus deux montants sur les côtés. Vase sur un socle supporté par des rinceaux, chimère au pied du vase, pièce d'essai. 2 pièces rares.

461 — **Salembier** (Attribués à). Trois cahiers numérotés de 1 à 18. Incomplet. 3 pièces.

462 — **Boucher fils**. Tombeaux. 18 pl. — Vases. 8 pl. — Fontaines. 8 pl. — Petits meubles. 6 pl. — Arabesques. 17 pl. — Panneau décoratif. 12 pl. — Meubles, piédestaux et poêles. 19 pl.

463 — **Prieur**. 1783. Vases, montants, ornements, frises, etc. 15 pièces.

464 — **La Londe** (**De**). 9ᵉ cahier. I. Cahier de trophées, soffites et vases. Le Meunier sculp. 6 pièces numérotées de 1 à 6. — 6 pièces.

465 — **La Londe** (**De**). 8ᵉ cahier. H. Cahier de girandoles, candélabres, lustres. Foin sculp. 6 pièces numérotées de 1 à 6. Nous n'avons que les nᵒˢ 4, 5 et 6. — 3 pièces.

466 — **La Londe** (**De**). 3ᵉ cahier d'orfèvrerie, composé et dessiné par La Londe en 1789. Surtout pour les liqueurs. A. nᵒ 1.

467 — **La Londe** (**De**). XIᵉ cahier. L. Dessus de portes

et cartels. Foin sculp. 6 pièces numérotées de 1 à 6.
Nous n'avons que les nᵒˢ 1, 5 et 6. Le nᵒ 1 est coupé
en deux par le milieu. 3 pièces.

468 — **La Londe** (**De**). 12ᵉ cahier. M. Cheminées avec
leurs trumeaux etc. De Saint-Maieu sculp. 6 pièces
numérotées de 1 à 6. 6 pièces.

469 — **La Londe** (**De**). 13ᵉ cahier. N. Plafonds de diverses
formes. 1 pièce.

470 — **La Londe** (**De**). 20ᵉ cahier de l'Œuvre. Ouvrages
d'orfèvrerie. 2 pièces sur 6. Nᵒ 1, saucière et moutar-
dier. Nᵒ 5, flacon, pomme à corbin, étuis. De Saint-
Morien sculp. 2 pièces.

471 — **La Londe** (**De**). 16ᵉ cahier. Q. Feux, cartels de
pendules, baromètres. Foin sculp. 6 pièces numérotées de 1 à 6. Il nous manque le titre. 5 pièces.

472 — **La Londe** (**De**). 15ᵉ cahier. P. Modillons et ro-
saces. Foin et Hubert sculp. 6 pièces numérotées de
1 à 6. Il nous manque les nᵒˢ 1 et 3. 4 pièces.

473 — **La Londe** (**De**). Une suite de 6 pièces numérotées
de 1 à 6, sans le titre. Cahier de bordures à l'usage
de la sculpture, etc., avec leurs profils. Berthault
sculp. Il manque le nᵒ 6. 5 pièces.

474 — **La Londe** (**De**). 1 pièce : Devant de berline, berline de parade à 7 glaces. Nᵒ 2. Cahier G. 1 pièce.

475 — **Lalonde**. Cahiers d'ameublements, ébéniste-
rie, etc. Pièces de divers cahiers incomplets, classés
séparément par leur numéro de série.

476 — **La Londe** (**De**). 7ᵉ cahier. G. Cahier de portes,
corniches et entablements décorés, avec les profils.

Le Meunier sculp. 6 pièces numérotées de 1 à 6.
6 pièces.

477 — **La Londe** (**De**). 6e cahier. F. Cahier de petites
bordures. Nous n'avons que les nos 1, 4 et 6. 3 pièces.

478 — **La Londe** (**De**). 4e cahier. D. Bordures et cadres
avec profils. Berthault sculp. No 3. 1 pièce.

479 — **La Londe** (**De**). 2e cahier. B. Bordures et cadres.
Complet. 6 pl.

480 — **Le Juge** (**Théodore**), dessinateur, graveur et
orfèvre, travaillait à Paris vers le milieu du XVIIe siècle.

481 — **FF. Nielles**. Dessus de boîte : musicien, dans un
motif ornemental, entouré de figures bachiques.
Rare.

482 — **W. D. P.** Pendeloque avec taille d'épargne.
Charmante petite pièce dans le genre de PRK. Rare.

483 — **Ducerceau** (par et d'après). Lucarne, portique,
cartouche. Grandes pièces · le château de Vincennes ;
Boulongne dit Madrid. Petites pièces : vues de palais
et divers. 11 pièces.

484 — **René Boivin**. 4 pièces.

485 — **Delaune** (**Étienne**). 9 pièces des douze pièces
représentant les mois de l'année, jolies pièces avec
beaux entourages. Première édition avec petites
devises et le *cum privilegio*. 8 pièces de la seconde
édition. 17 pièces.

486 — **Bernard Picart** (1733). Le Temple des Muses.
Composition mythologique avec de splendides entourages. 1 vol.

487 — **Fêtes publiques** données par la Ville de Paris. 1745.

488 — **Germain (Pierre)**. Planche rare indépendante de son ouvrage d'orfèvrerie. 3 pièces.

489 — **Oudry**. Fables de La Fontaine. 1789. 2 vol.

490 — **Jean Houel**. Voyage pittoresque de Sicile, etc. Planche en bistre. 4 volumes.

491 — **Daviler**. Cours d'architecture ou l'Art de bâtir. A Paris, chez N. Langlois. 1693. 2 vol.

492 — Histoire de la Maison de Savoie, portrait par Nanteuil; lettres, en-têtes et culs-de-lampe par B. Picart. Vues de ville, etc. Château. Édition complète. 4 vol.

493 — **De Limiers**. Annales de la Monarchie française, contenant les médailles et les monuments de Paris et ses environs.

494 — **Pillement**. Suite de petits bouquets. — Suite de fleurs et rubans. — Suite de fleurs et rubans en couleur. — Trophées chinois. — Suite de trophées. — Suite de trophées baroques. 34 pl. — Figures, fleurs et ornements. 70 pl.

495 — Album composé de Boucher, de Lancret, de Watteau, Leprince, Fragonard, Bonnet, Vanloo et Avril. Épreuve ancienne. 34 pl.

496 — **Berthault**. Trois pièces : Cartels, les n⁰ˢ 3, 6, et 7. — 1 pièce : Titre pour la mort d'Adam. 4 pièces.

497 — **Boucher (François)**. Chinoiseries. 8 pièces.

498 — **Boucher** (**Huquiè**). Figures et entourages d'ornements. 11 pièces.

499 — **Boucher** (**Fr.**). Album : enfants en noir et à la sanguine, contenant 87 pièces, en épreuves anciennes. (Sera divisé.)

500 — **Cauvet.** Vases, frises, montants décoratifs, feuilles de motifs. Belle épreuve avec marge. 20 pièces.

501 — **Baptiste Monnoyer.** Fleurs, vases, corbeilles et bouquets. Épreuves anciennes. 46 pièces.

502 — **Cazotte.** Le Diable amoureux. Nouvelle espagnole. 1772.

503 — **Clein** (**Fran.**). 1645. Varii Zophori, figuris animalium ornati per Fran. Clein, 1645. Frises, 7 pièces. Montants, 2 pièces.

504 — **Salembier.** 1 pièce : l'origine du chapiteau corinthien. — 1 pièce : la plante d'Acanthe et sa fleur. 2 pièces.

505 — **Eisen.** Concert mécanique. Pièce curieuse. 10 pièces.

506 — **Dolivart.** Cartouches pour titres ou têtes de pages. 7 pièces.

507 — **Dugoure.** Arabesques inventées et gravées par Dugoure. — Petite pièce d'essai de gravure. — Boulanger. Suite de charmantes petites compositions rares, et suite d'ornements inventés par Fossier et gravés par Berthaux. Ensemble 17 pièces.

508 — **Demarteau.** Ornements d'après Girard. 15 pièces.

509 — **Demarteau.** Figures et animaux. 6 pièces.

5 10 — **Dumont** (le Romain). Trophées et pièces diverses. 31 pièces.

5 11 — **De Neufforge**. Recueil d'Architecture, cheminée, plafond, ameublement, décoration, etc. 2e, 3e, 4e, 5e, 6e vol.

5 12 — **Ranson**. Trophées. Les Saisons. Décoration de fleurs, fruits, etc. Jacques Pariset. 16 pièces.

5 13 — **Divers**. Pièces de Babel, Le Bas, Martinet, Roy, Messonier, etc. 5 pièces.

5 14 — **Fessard** (**Étienne**). Cochin, frontispice de l'Encyclopédie; Moreau, la Henriade. 8 pièces.

5 15 — **Divers**. Une série de 29 pièces de serrurerie, fontaines, plafond et illustrations de livres, tirées à part.

5 16 — **Forty** (**Jean**), dessinateur, graveur, fondeur et ciseleur, 1775 à 1790. Grilles, balcons, rampes, 7 pièces. — Calices et ciboires, 7 pièces. — Flambeaux, 4 pièces. — Vase, 1 pièce. — Coffres, 4 pièces. — Feux et girandoles, 4 pièces. — Pendules en cartel, 5 pièces. — Lustres cahier H, 6 pièces. 38 pl. Belle épreuve avec marge.

5 17 — **Guyot**, graveur. Cahiers de décorations par, Lavallée, Poussin, Leclère, Moreau, Aubert, Parent, Berthelot, Voisin, Jeanneret, Texier et Fay. 43 pièces.

5 18 — **Pineau**. Autels. Belles épreuves avec marges. 6 pièces.

5 19 — **Quéverdo**. Deux cahiers en hauteur, renfermant des panneaux, frises, dessus de portes et petits motifs, et treize petites pièces, pièces de trophées variés. 25 pièces.

520 — **Schall**. La Comparaison. — **Priot**. Diane au bain. — **Boucher**. Vénus sur l'eau. — **Coypel**. Flore et Zéphir. — **Coypel**. Allégorie de l'Amour. 5 pièces.

521 — **Liller (Sébastien)**. Traité de géométrie, figures par Cochin, Chedel (1744). 1 volume.

522 — La Secchia rapita, poème héroï-comique d'Alessandro Tassoni, illustrations de Gravelot. 2 volumes.

523 — **Huet (J. B.)** Animaux et figures, paysages et ornements. 14 pièces.

524 — **Mondon**. Suites différentes. 5 pièces.

525 — **Fragonard**. Quatre pièces représentant des enfants.

526 — Chinoiseries. Figures, instruments de musique, armes et divers, costumes au trait. 46 pièces.

527 — **Patte**. Monuments érigés en France à la gloire de Louis XV (1765). 1 volume.

528 — **Ornements** par **divers**. Tettelin, de Neufforge, Aubert, de Lajoue, Leclerc, Salembier, Bellay, de Wailly, Le Prince, Boucher, Daigremont, etc., etc. 100 pl. Sera divisé.

529 — Un album contenant des vignettes de Monnet, Eisen, J. M. Moreau, Cipriani, Cochin, Gravelot, Zocchi, etc. 103 pièces.

530 — **Gravelot**. Illustrations diverses. 199 pièces.

531 — **Rousseau**. Vignettes pour ses œuvres, par C. D. Marillier, J. M. Moreau, Naigeon, Le Clerc, L. Barbier, C. Monnet, F. Boucher, Cochin, Gravelot. 116 pièces.

50
Beurdeley

532 — Têtes de pages, culs-de-lampe, lettres de Louis XIV, Louis XV et Louis XVI, nombreuses et intéressantes gravures. Bois.

200
Beurdeley

533 — Un album contenant des cartouches provenant de cartes géographiques dessinées ou composées par Babel, Marillier, Simonneau, Martinet, etc. 112 pièces.

534 — Un album contenant des vignettes, titres, culs-de-lampe et têtes de pages de Marillier, Eisen, Cochin, Gravelot, etc. 230 pièces.

52
Beurdeley

535 — **Hamilton** (1791). Magnifique édition, texte anglais et français avec de superbes planches, imitation de poteries. — Herculanum et Pompéi.

536 — **Milly (Comte de)** (1771). — L'Art de la porcelaine.

537 — La Théorie et la pratique du jardinage. Chez Ch. Jombert.

538 — **Chevalier de Beaurain**. Histoire de la campagne de Flandre par le prince de Condé. 1 volume.

539 — Calligraphies, cahiers de diverses époques, médailles du règne de Louis XV.

540 — **Chambers**. Dessins des édifices, meubles, habits. (1757).

541 — Albums contenant titres et portraits du xviie siècle. 191 pièces.

542 — Un album, titres, portraits, emblèmes et armoiries, etc. 232 pièces.

LIVRES ANCIENS

En grande partie curieux et intéressants au point de vue du livre, des titres, des illustrations, des costumes, des ornementations ou par leur reliure.

543 — LEVINUM HULSIUM. Les 12 Empereurs ou Césars, leurs 64 femmes. Spire, typis Bernardi, 1599. 1 vol.

544 — **Matthiol (Pierre-André)**. Commentaire de Pierre-André Matthiol, médecin, Lyon, 1579, titre et bois. Superbe édition.

545 — **Josse Amman**. Livre de blasons et académies.

546 — **Josse Amman**. Armoiries et épreuves avant toute lettre. 2 pièces.

547 — **Josse Amman**. Catechismus de Martin Luther. Francfort, 1579.

548 — **Josse Amman**. Titre. Emblemata. 1 volume. Girolamo Porro imprese illustri. Emblèmes.

549 — **Vitruve**. Architecture, l'art de bien bâtir, 1647. Édition française.

550 — **Vitruve**. Vitruvius. Teutsch. Édition allemande ornée de superbes bois. Nuremberg, 1548. 1 volume, reliure veau.

551 — **Vitruve**. Les dix livres d'architecture. Paris, 1673.

552 — **Serlio (Séb.)** Von Der Architecture. Fünff Bücher. Édition allemande de 1609.

553 — **Bois**. 1521. La Passion du Christ. Rare et curieux volume satirique contre le Pape.

554 — **Enea Vico** (1558). Ouvrages sur les médailles bien conservées.

555 — **Ortellii (Abraham**). Les Dieux. Édition de Bruxelles, 1683.

556 — **Abraham Ortellii.** Les Dieux et les 12 empereurs. Édition d'Anvers.

557 — **Nollin (Pierre**). Ouvrage sur les armoiries. Bel état, grandes marges.

558 — Traité du blason et des armoiries. Incomplet. 1 volume.

559 — Album composé d'ex-libris, blasons, pavillons, etc.

560 — Reliures des Semaines saintes et divers autres ouvrages du xve au xviiie siècle.

561 — **Claude Minsem.** Emblemata, publié à Paris, 1618.

562 — **Thielmann Kerver.** Ouvrages magnifiquement imprimés, avec des lettres très jolies de forme et de détails. 1509

563 — **Philipp Heinhoff.** Emblemeta Amoris. 1622.

564 — **Michel Furter.** Livre imprimé en 1499, et curieux par ses lettres capitales.

565 — **Silmacher.** Nouveau livre de blasons, par Johann. Nuremberg en 1609.

566 — **Jean de Tournes.** La Bible, ouvrage publié à Lyon par Jean de Tournes, en 1554.

567 — **Jean de Tournes.** Livre d'épitaphes et livre de devises militaires et amoureuses. A Lyon, 1559.

568 — **Jean de Tournes**. L'Ancien et Nouveau Testament, 1559.

569 — **L'Arioste**. Roland furieux, illustré par des gravures sur bois et publié à Venise. 1580.

570 — **Gaillot du Pré**. L'Horloge des princes, à la sérénité de très haut et très puissant seigneur, Henry, primogenit, dauphin de France et duc de Bretagne, et traduit d'espagnol en langue française. A Paris, 1560. Superbe édition avec vieille reliure parchemin.

571 — **Vilgil Solis**. Les Métamorphoses d'Ovide, bois avec de charmants entourages. — Les Césars, 1599. — Images des Dieux, 1581.

572 — **Putei (Andrea)**. Perspectiva pictorum et architectorum Andreæ Putei, e societate Jesu. Roma, 1717. 2 volumes, vieille reliure en parchemin.

573 — **Sturms (Léonard Christoph)**. Prodomus architecturæ Goldemanianæ, etc. Augsbourg, 1714. Cet ouvrage est curieux et renferme des plafonds d'un nommé Carlo Maria Pozzi, intéressant.

574 — Epitome Thesauri antiqui. Lugduni, 1553. Superbe édition avec nombreuses planches. 1 volume. Reliure.

575 — **Sibmacher**, ornemaniste. Symboles et emblèmes, année 1596. 2 volumes.

576 — **Van Sichem**. Bible contenant une quantité de bois, d'après les vieux maîtres. Reliure et fermoir.

577 — **Bizot**. Histoire métallique de la République hollandaise, par M. Bizot, à Paris, 1687. Volume curieux pour ses illustrations.

5-8 — **Stimmer**. Paul Jovii Novocomensis episcopi Nucerini. Elogia virorum literis illustrium, etc. Basle, 1577. Ouvrage rempli de gravures sur bois. Vieille reliure parchemin.

579 — **Gostfried Rogg**. Encyclopédie. Un petit volume allemand.

580 — Album contenant des vues anciennes: Paris et ses environs, château historique, vues de France, plan topographique de villes, etc. Merian Israël, etc.

581 — Cartes topographiques des villes de France et d'Europe.

582 — **Abraham Ortelius**. Théâtre de l'Univers, contenant les cartes du monde entier, avec planche de texte. Complet.

583 — **Guillaume** et **Jean Blaeu**. Amsterdam, 1638. Complet. Le Théâtre du monde. Description de tous les pays de la terre. 2 volumes.

584 — Bois du xvie siècle. Carte géographique du Palatinat.

585 — Vues anciennes et topographiques sur les villes de France. Album.

586 — **A. Martino**. Soc. Jesus. A Léopold. Guillaume d'Autriche. Atlas.

587 — Épigrammes de Martial. 1 volume. Anvers, 1664. Jolie petite reliure.

588 — Symbola Heroïca. M. Claudii paradini silviocentis. 1 petit volume. Anvers, 1583.

589 — Journal ou relation exacte du voyage de Guill.

Schovten dans les Indes par un nouveau distrait, etc.
Paris, 1619. 1 volume.

590 — **Bordes**. Parapilla. Paris, l'an IV.

591 — L'Éloge de la folie. Erasme, 1713. Figures. 1 volume.

592 — Il Petrarco, Venise, 1588. 1 volume. Psaumes de David. Charmante reliure.

593 — François de Salle. Petit volume, 1648. Charmante reliure.

594 — Dmens ad christianis. Livre où tous les personnages historiques sont représentés par des médailles depuis Adam jusqu'à Henri II. Relié aux armes de Diane.

595 — Ovide, 1613.

596 — Hortulus, dont les entourages sont gravés sur bois, 1533. 1 volume.

597 — Un livre de musique, par Sicard.

598 — Les Délices des Pays-Bas, 1 volume broché.

599 — Un livre imprimé en 1494, avec des lettres fort curieuses.

600 — Un livre de jardinage. Ouvrage hollandais publié à Amsterdam, en 1675.

601 — Imperatorum et Cæsarum vitæ, cum imaginibus ad unam effigiem expressiæ. Libellus auctus cum elencho et iconiis consulum ab authore. 1534. Ouvrage rare et curieux.

602 — Ésope, traduit du grec en latin et publié en 1610.

603 — Bois. Ickan Petit et Philippe Pigouchet. Marque, imprimeur et libraire. 1 volume.

604 — Ouvrage sur la construction des escaliers, ouvrage allemand de Tielman. Pl.

605 — Ouvrage de calligraphie par Weigel.

606 — Second ouvrage sur les escaliers en double.

607 — Ouvrage de sujets bibliques dans des monuments.

608 — Fontaines romaines par Baptista Fulti et Franck.

609 — **Titus Livius**. Histoire romaine illustrée par Tobie Shummer.

610 — Histoire critique de la religion, illustrée par Josse Amman et d'autres articles.

611 — Ouvrage d'architecture : portes cochères.

612 — Essai sur l'homme pope. 2 exemplaires, illustrations de Delamarre.

613 — Paradis perdu. Illustrations de Zucchi.

614 — Poëme italien : la Venetia edificata, de Giulio Strozzi, illustré de gravures sur métal et sur bois.

615 — Histoire de la ville d'Antin. 1 volume.

616 — Vignettes par Cochin pour la Jérusalem délivrée du Tasse.

617 — Histoire de Louis-le-Grand par les médailles.

618 — Architecture de Palladio.

619 — Ouvrage sur les antiquités, par Cochin.

620 — Histoire des Pays-Bas.

621 — La Jérusalem délivrée, du Tasse. Illustrations de B. C.

622 — **Jean Wilhelms**, architecte civil : constructions en bois.

623 — Recueil de tableaux des anciens maîtres, avec des cadres variés pour chaque tableau.

624 — **Oldembourg.** Ouvrage curieux, surtout par les portraits de tous les princes qui ont régné dans ce pays, par leurs costumes, les armoiries et autres détails.

625 — Chronique d'Autriche, remarquable par les portraits et les blasons.

626 — **Allier (Achille)** et **Chenavard** (1838). L'Ancien Bourbonnais. 1 volume.

627 — **D. Lancelot.** La Rochelle. 63 pl. 1 vol.

628 — **Rubens.** Décorations des fêtes données à Anvers.

629 — **Albums** composés par Callot, Israël Silvestre, etc. Portraits divers anciens. Portraits anciens et modernes. Gravures diverses de toutes époques.

630 — **Album** composé par Marillier, Moreau, Cochin, Lebarbier, Eisen, Will fils, etc. Environ 200 pièces.

631 — **Marillier (C. P.).** Les Illustres Français ou Tableaux historiques des grands hommes de la France pris dans tous les genres de célébrités. A Paris. 30 pl. 1 vol.

632 — **Voyage** pittoresque de Naples et de Sicile. Splendide ouvrage. Dessins et gravures par les meilleurs artistes du xviiie siècle. 5 vol.

633 — **Antique**. Figures entourées d'ornements chimériques et médailles. Non rogné. 2 vol.

634 — **Pierrets**. Recherches de plusieurs beaux morceaux d'ornements, trophées, frises, masques, etc. Suite de 25 pièces et divers du château de Fontainebleau, culs-de-lampe, titres. Soit 35 pièces.

635 — **Kircher,** orfèvre de Strasbourg. Fleurs. 21 feuilles. Publiées à Paris.

636 — **Album** composé par divers. Encadrements du xviiie siècle.

637 — Sous ce numéro seront vendus des lots de pièces françaises non cataloguées.

638 — **Watteau**. Copies allemandes. 47 pièces.

639 — Portraits par Martin Mertens, Edelinck, Vanloo, Duplessis, Drevet et divers. 24 pièces.

640 — Pernet, Houel, Fragonard, Robert. 9 pièces.

641 — **Le Clerc (Jean)**. Sous ce nom sera vendue quantité de documents anciens de différentes époques non catalogués.

642 — **Divers**. Huet, Smith, Carle, etc. 12 pièces.

643 — **Huquier** (Attribués à). Fruits fantastiques. Pièce Salembier. 29 pièces.

644 — Un album contenant en titres, portraits, culs-de-lampe, lettres, 221 pièces ; titres, portraits et marques de libraires ; plus un grand nombre de lettres et culs-de-lampe. Bois.

645 — Un album contenant en titres, emblèmes et car-

touches provenant de cartes géographiques. 132 pièces
du XVIe siècle.

646 — Un album contenant des cartouches provenant
de cartes géographiques de l'époque Louis XIII.
316 pièces.

647 — Un album contenant des cartouches provenant de
cartes géographiques d'Élisabeth Haussard. 108 pièces.

648 — Un album contenant des bois de la fin du
XVIe siècle et commencement de Louis XIII, des titres,
des lettres, des culs-de-lampe, etc. Un grand nombre
de pièces.

649 — Un album contenant en titres, portraits, culs-de-
lampe et têtes de pages, de Solis, Josse Amman, Tobie
Stimmer, etc., un grand nombre de pièces, toutes
du XVIe siècle. Bois.

650 — **Paul Decker.** Intérieur, décoration, etc. 2e partie.

651 — **Jacob van Campen**, architecte. Décoration intérieure et extérieure de la ville d'Amsterdam.

652 — **Pillement fils.** Études de feuillages. 11 feuilles

653 — Pièces diverses : Titres de trente perspectives.
Lebrun : Bataille d'Alexandre. Pillement, Cottle,
Normand et Percier.

654 — Fleurs par divers : Lienard, Coignet, Hubert,
Calame, Ferogio.

655 — Albums composés de quantités de documents.

656 — Série ; sous ce numéro sera vendue quantité d'ornements de toutes les époques non catalogués.

OUVRAGES MODERNES

657 — **Ambruster**. Musée Lyonnais. Arts industriels. Recueil des étoffes anciennes par la photographie.

658 — **Albrecht Durer**. Copie de manuscrit d'après Longinac, de Munich.

659 — Aimé Chenavard, publié par E. Lecomte. Composition d'ornements au trait.

660 — **Audsley (W. et G.)**. 1865. Poem by lord Byron, Illuminated by W. et G. Audsley architects. The Prisoner of Chillon. 1 volume, illustrations en couleurs.

661 — **Becker et Hefner Altonck**. Ouvrages sur les objets anciens. 3 séries. Francfort, 1858-59.

662 — **Varin (Adolphe)**. Style ogival. Meubles dans le style gothique, xvᵉ siècle, dessinés par Auguste Pugin. 2 volumes.

663 — **Braun**. Fleurs et fantaisies. 30 pl.

664 — **Baldus**. Héliogravure. Palais du Louvre et des Tuileries.

665 — **Kœfling (B.)**. Gothique. Étoffes. Lettre en couleur. Broché et cartonné.

666 — **Chapuy**. France monumentale et pittoresque, recueil de vues, dessinées d'après nature par Chapuy et exécutées en lithographie par les artistes français les plus éminents.

667 — **Cagnon**. L'Art et l'Industrie. 10 volumes en carton.

668 — **Clerget (E.)**. Motifs et mélanges de toute sorte de compositions, publiés par E. Lecomte. 2 volumes.

669 — **Clerget (Ch. E.)**. 1838. Choix d'ornements. Émile Lecomte.

670 — **Decloux et Doury**, architectes. Histoire archéologique de la Sainte-Chapelle du Palais. 1857.

671 — **Lièvre (Édouard)**. Les Collections célèbres d'œuvres d'art. 2 volumes.

672 — **Lièvre (Édouard)**. Les Arts décoratifs à toutes les époques.

673 — **Fillon (Benjamin)**. L'Art de terre chez les Poitevins, suivi d'une étude sur l'ancienneté de la fabrication du verre en Poitou, par Benjamin Fillon. Niort, 1864. 1 volume, texte et planches.

674 — **Fischbach (L.)**. Ornements des étoffes anciennes de la collection de J. Bock du musée des Arts industriels de Vienne.

675 — **Flaxman (John)**. Œuvres de John Flaxman, sculpteur anglais, comprenant *l'Iliade d'Homère*, *l'Odyssée*, etc. Paris, A. Morel et Cᵉ.

676 — **Guilmard (D.)**. La Décoration au xixᵉ siècle.

677 — **Guichard**. Épaves des temps passés et les Tissus anciens. 2 parties en feuilles; complètes.

678 — **Hessemer**. Berlin. Mosaïques en couleurs.

679 — **Peyre (Jules)**. Orfèvrerie et bijouterie, nielles, armoiries, etc.

680 — **Nasch (Joseph)**. 1839. The Mansions of England in the Old time.

681 — **Knight's**. Scroll Ornaments for Silversmiths, etc. Ouvrages anglais. Ornements très fins de burin pouvant servir aux orfèvres.

682 — **Louis Paris de Reims**. Toiles peintes et tapis-series de la ville de Reims. 2 volumes.

683 — **Liénard**. Spécimens de décorations et d'ornemen-tations. Complets et en feuilles. 1 vol.

684 — **Le Moyen-Age monumental**. 19 volumes.

685 — Eaux-fortes anciennes de Berghems, Callot, Henry Monier, Waterlo et autres. Vignettes pour illustra-tions anglaises et françaises.

686 — Les Artistes industriels. Collection de 40 planches gravées sur acier par Martin Riester, Tissot, G. Piot, A. Varin, etc., d'après Carrier, Chabal-Dussurgey, Cron, Cordier, etc.

687 — Musée de Versailles. **Furne**. 1842. 3 volumes.

688 — **Ademollo**. L'Énéide. 1 volume.

689 — **Maucheret de Longpré**. La Nouveauté. 1 volume.

690 — Motif genre ogival. 1 volume.

691 — Les Quatre Écoles, publiées par Deflorenne.

692 — **Zan Wilhelm Guillaume**. Ouvrage sur Pompei. 100 pl. environ en couleur.

693 — **Maucheret de Longpré**. L'Égypte ornementale.

694 — **Normand**. Moniteur des Architectes, 1866, 1867, 1868. 3 volumes.

695 — **Neureuther** (1829). Ballade et romance illustrées.

696 — **Prisse d'Avennes**. L'Art arabe, grand in-folio en feuilles, texte complet. 1870.

697 — **Paul Avisse**, l'Art céramique au xix⁰ siècle. 1ʳᵉ série de 33 pl. — Fernoux, bijouterie. — Collo, suite d'ornements. — Louis l'aîné, le coffret impérial. — Georges Philippe, rudiments, 6 fascicules. — Buldas, eaux-fortes diverses.

698 — **Prignot (E.)**. Décors intérieurs, 1 volume. L'Architecture et la Décoration, ameublement. 1 volume.

699 — **Pugin**, architecte. Gothic Architectur. London.

700 — **Carl Heideloff**. Les Ornements du Moyen-Age. 2 volumes.

701 — **Percier (C.) et Fontaine (P. F. L.)** Recueil de décorations intérieures comprenant tout ce qui a rapport à l'ameublement. Paris, 1827.

702 — **Ponce**. Arabesques antiques des Bains de Livie et de la ville Adrienne avec les plafonds de la ville Madame. Paris, 1789.

703 — Por. den. Gennaro. Perez de Villa-Aurel. Espana artistica y monumental. Hauser, 1842. 1 volume.

704 — **Riester (Martin)**, graveur. Ornements du xviiᵉ siècle, inventés et dessinés par les artistes les plus en renom de notre époque ; en tête, le portrait de Riester. 55 pl.

705 — **Reynard (O.)**. Reproduction des maîtres ornemanistes de toutes les époques. Exemplaire superbe sur papier vergé, tiré spécialement pour M. V. Poterlet.

706 — **Reybeaud et Oyex**. Album du dessinateur, gravé à l'eau-forte par J. Reybeaud et Oyey. 1840.

707 — **Richardson**. Architecture.

708 — **Élisabeth**. 34 pl., premier volume.

709 — **Robert William Billings**. Illustration of Geometric tracery.

710 — **Tymms**. The Art of illumenating. Bordure initiale, lettre en chromolithographie. Publié à Londres en 1860.

711 — **Viollet-le-Duc**. Un album : Orfèvrerie. Recueil de planches gravées d'après les compositions de Viollet-le-Duc. 43 pl. reliées.

712 — **Viollet-le-Duc**. Compositions et dessins. 100 pl. en livraisons.

713 — **Viollet-le-Duc et Maurice Ouradat**. Chapelle de Notre-Dame de Paris.

714 — **Wentzel Krumbhol**. Dresden, 1849.

715 — **Varin frères**. Douceur et Bonté, sujets religieux, entourage d'ornements.

716 — **Von Senderland**. Dusseldorf. Légendes allemandes avec illustration.

717 — Vitraux, planches en couleurs. 30 feuilles.

718 — **Welby Pugin (A.)**. Glossary et Ecclesiastical ornament and costumes.

719 — La Statistique de Paris. 2 volumes.

720 — **Jahrbuch der Kaiserl**. Kœnig. central. Commission zur erforschung und erhaltung der Baudenkmale. 1856. 1 volume, texte et planches.

721 — Moyen-Age et Renaissance. Divers artistes. 41 pièces.

722 — **Metzmacher**. Ornements. 27 pièces.

723 — **Pugins** (**A**.). Designe for, etc. 1 volume. Entrées de serrures, clefs, chenets, etc. Planches curieuses.

724 — **Pugins** (**H**.. Designe for Gold et Silversmith, Orfèvrerie civile et d'église.

725 — **Schaw** (**Henry**). The Encyclopœdia of ornament, London, 1842. 1 volume, texte et planches.

726 — **Billings William**). The Geometric tracety of brancepeth church in the county of Durham. London, 1845.

727 — **Day** et **Son**. Paradise and the Peri. Th. Moore. Illuminators Owen Jones and Henry Warren in stone by Albert Warren. 27 feuilles décorées des deux côtés.

DESSINS DE MAITRES ANCIENS

ORNEMENTS, LETTRES ET FIGURES

728 — Feuilles de parchemin couvertes de lettres ornées et ornements en couleurs et or, provenant de manuscrits des xiiie, xive et xve siècles. 22 pièces.

729 — Dessins pour broderies d'habits ou gilets du temps de Louis XV et de Louis XVI. Dessins originaux à la gouache. 9 pièces.

730 — Dessins français. Auteurs inconnus. — Dessins allemands. 12 pièces.

731 — Un portrait de prélat, motif d'ornement. — Une fontaine de Lajoue, dessin de Viard. — Détails Louis XVI, exécutés à la plume.

732 — Fleurs et fruits.

733 — Divers.

734 — **Artiria Varin**. Titres. Monnet, Choffard, Ransonnette, Édegache, Leroy. Paris.

735 — Dessins originaux par Lepautre, Klauber. Plafond, frises, etc. 12 pièces.

736 — **Schublert**. Dessins originaux pour confessionnaux. 5 pièces.

737 — Dessins par Cuvillier, Habermann. 7 pièces.

738 — **Sperling**. Dessins originaux. 5 pièces.

739 — Sous ce numéro, dessins anciens et modernes non catalogués.

740 — **Pillement**. Dessins originaux. 3 pièces.

741 — **Choffard**. Deux dessins. Têtes de pages, à la sanguine, et un dessin italien, plafond colorié. 3 pièces.

742 — **Schübler**. Dessins originaux. Tombeaux et salles de musée. 5 pièces.

743 — Dessins à la plume. Romans. 6 dessins.

744 — **Bebiena** et divers. 7 pièces.

DESSINS D'ORNEMENT
DE MAITRES MODERNES

745 — Dessins à la gouache et au fusain, dont 4 de Chabal, et une étude à l'huile. 7 pièces.

746 — **Liénard** et divers. 5 pièces.

747 — Dessins pour l'étoffe, école de Lyon. Dessins à la gouache et au pastel.

748 — Projets de décorations par divers, pour papiers peints et autres. 24 pièces.

749 — **Méry le père**, dessinateur en 1794. Dessins originaux pour papiers peints. 5 pièces.

750 — **Henri (H.)** Dessins de fleurs. — Chabal-Dussurgey, titre de fleurs. — Liénard. Moreau, enfants. 5 dessins.

751 — **Prudhon**. Dessins. 2 pièces.

752 — **Clerget**. Dessins à la plume. 8 pièces.

753 — **Feuchère (Jean)**, statuaire. Dessins pour candélabre, coupes, titres, orfèvrerie, etc. 26 pièces.

754 — **Reynard (Ovide)**. 22 compositions sur 10 feuilles.

755 — **Riester Martin).** Dessins originaux, coffret, attributs, calendrier, adresses, titres, reliures, etc. 12 pièces.

756 — Divers dessins indiens. 2 pièces.

TABLEAUX, GOUACHES, MINIATURES

757 — **Vallayer-Coster (Mme)**. 3 études de roses.

758 — **Bonington**. Moulin et la ferme de la mère Saguet où allaient dîner Bonington, Charlet et H. Poterlet. Jolie étude d'atelier.

759 — **Fonville**, né à Lyon. Vue des environs de Lyon. Soleil couchant. 2 tableaux charmants de coloris.

760 — **Vallayer-Coster (Mme)**. Étude de fleurs. Superbe de coloris.

761 — **Hippolyte Poterlet**. Scène de Peveril du Pic.

Jolie composition, splendide de coloris. Tiré du roman de Walter Scott. Il n'y a au Louvre qu'un seul tableau de ce maître. Haut., 70 cent.; larg., 58 cent.

762 — **Zurbaran**. Saint ou moine endormi. Splendide tableau original. Dans un cadre. Époque Louis XVI. Haut.. 1ᵐ 27 cent.; larg., 97 cent.

763 — **Mᵐᵉ Saint-Ange Poterlet**. Sujet pastoral, d'après Boucher. Jolie miniature encadrée.

764 — **Mᵐᵉ Saint-Ange Poteriet**. Intérieur de cuisine au village, à Hautvillers. Pastel.

765 — **Noël**. Bûcheron abattant un arbre. Un Ermite. Splendide paysage, à la gouache. Encadrés dans leur cadre, époque Louis XVI.

766 — **Nilson**. Le Jardinier galant; la Musique pastorale. Gracieuses compositions à l'encre de Chine et gravées. 2 pièces encadrées, cadres bois sculpté, époque Louis XVI.

767 — **Miniature du XVᵉ siècle**. Splendides lettres, figures et ornements sur parchemin. 2 pièces.

768 — **Chabal**. Fleurs splendides, gouache. Encadrées dans un cadre Louis XVI, bois sculpté.

769 — **Mᵐᵉ de Pompadour** (Attribué à). Enfants à la sanguine. Deux dessins ronds, encadrés dans des cadres Louis XVI, de B. de Nancy.

770 — **Pernet**. Architecture décorative. Beaux dessins en couleur. 2 pièces encadrées dans leur cadre.

771 — **Panini**. Jolie composition. Architecture décorative. Gouache encadrée.

772 — **Van Os**. Vase de fleurs. Superbe aquarelle encadrée.

773 — **W. Wild**. Vue des environs de Dunkerque. Splendide coucher de soleil à l'aquarelle. Encadré, cadre bois sculpté.

774 — **Boilly**. Portrait de Maze, restaurateur des tableaux du Louvre. — Portrait de jeune femme.

775 — **Brascassat**. Étude de taureau.

776 — **Leprince** (**L.**) (1823.) Écossais au combat, charmante petite toile, ravissante de pensée et de coloris, signée et datée.

TERRES CUITES

777 — **Clodion**. Vases de forme Louis XVI, avec frise, figures de femme demi-nue et enfant. Superbes pièces originales, en bon état. Haut.

778 — **Pajou**. Portrait de Jules Poterlet, architecte de la ville de Châlons-sur-Marne. Terre cuite originale.

779 — **Marin**. La Toilette, jeune femme nue en pied. Jolie pièce, en bon état.

780 — **Ivoires**. Diderot et Voltaire. 2 charmants petits bustes sur leur piédestal.

MEUBLES

781 — Secrétaire en ébène sculpté, du commencement du xviie siècle. Sujet mythologique, entouré d'ornements. Splendide d'exécution. Intérieur en mosaïque ivoire de couleur et écaille, provenant du cabinet de Son Altesse la duchesse de Berry. Haut., 1^m, 58 cent.; larg., 84 cent.

782 — Coffre chinois, en laque, époque Louis XIV. Orne-

ment de cuivre gravé. Présent fait au Roi par l'ambassade chinoise, provenant du cabinet de Son Altesse la duchesse de Berry. Long., 1^m, 36 cent.; haut., 81 cent.

783 — Console ou desserte Louis XVI, ornée de ses cuivres et de ses marbres. Beau meuble en parfait état.

784 — Commode Régence avec ses bronzes. Superbe.

785 — Quatre poignées de commodes Régence.

786 — Les albums anciens et modernes de la collection de M. Poterlet sont composés soit d'ornements ou culs-de-lampe, vignettes, portraits, lithographies anciennes, paysages, eaux-fortes, etc., etc. Seront vendus par albums mélangés souvent de pièces curieuses et rares mêlées à des pièces ordinaires.

787 — Albums composés de gravures diverses, Abraham Bosse, etc.

788 — Album : Tiepolo, Durer, etc.

789 — Albums : Gothique allemand.

790 — **Michallon**. Paysages lithographiés. 24 pl. 1 volume.

791 — Les Artistes contemporains, suite d'albums composés d'anciennes épreuves lithographiées : Rosa Bonheur, Troyon.

792 — **Delacroix**. Hamlet. 16 pl.

793 — **Calame**. Les Ombrages. 34 pl. lithographiées.

794 — Albums composés : lithographies par Isabey, Gavarni, S. A. Poterlet, Varin et Moris.

795 — Eaux-fortes et lithographies par et d'après Jules Dupré et Anastasi.

796 — Lithographies et burins : Karl Bodmer, Ingres, Paul Delaroche, Tassaert, etc.

797 — Eaux-fortes et paysages.

798 — Lithographies : les Artistes contemporains. Albums.

799 — **Bonington**. Lithographies originales et gravures. Rare.

800 — **Bléry** et **Jacque** (Charles). Eaux-fortes. Vieilles épreuves.

801 — Lithographies par Raffet. Albums.

802 — Lithographies par Bellanger. Album.

803 — **Peyre** (Jules). Ornements gothiques.

804 — **Bilordau Corot**. Ornements pour le dessin.

805 — Vignettes anciennes et modernes. xviiie siècle.

806 — Vignettes par Moreau et divers. xviiie siècle.

807 — Bois anciens. lettres. culs-de-lampe. etc.

808 — **Calame**. Superbes lithographies.

809 — **Maignart**. Le Tombeau de saint Rémi. à Reims.

810 — **Delaunay A.** 1re série. Paris historique. Superbes eaux-fortes (1867).

811 — Pierres gravées antiques. époque de la fin de Louis XVI.

812 — Art Journal, 1857.

813 — **Collette**. Suite de planches avec figures.

814 — **Traviés**. Animaux.

815 — **Van Spaendonck**. Études de fleurs. 15 pièces.

816 — **Redouté**. Roses et feuillages. 33 feuilles.

817 — **Turpin**. Études de chardons. 32 feuilles.

818 — Étude de fleurs et plantes.

819 — **Dumont (Victor)**. Grandes études, fleurs d'après nature. 12 pièces.

820 — Chinoiseries. 12 pièces.

821 — Boissieux, Delacroix, Prudhon, Boulanger. 5 pièces.

822 — Eaux-fortes anciennes par et d'après Van Ostade.

823 — Antiques.

824 — Portrait anglais.

825 — Les Chroniques de France (1837). Crozet.

826 — Essai historique sur l'église royale de Poitiers.

827 — Planches de différents ouvrages d'architecture.

828 — Photographies des châteaux et églises de France.

829 — Portraits anciens et modernes. Album.

830 — **Baclerc d'Albe**. Lithographie par divers.

831 — Portraits anciens et modernes.

832 — Bois anciens, sujets religieux.

833 — Plans topographiques anciens.

834 — Paysages, eaux-fortes, par divers.

835 — **Férogio** et **Hubert**. Études pour le dessin.

836 — Photographies d'après nature.

837 — Albums composés.

838 — Raymond Lafage. Della Bella, etc.

839 — Gothique, Moyen-Age et Renaissance.

840 — Archéologie : villes étrangères anciennes et modernes.

841 — Lithographies anciennes et gravures.

842 — Album de blasons, ex-libris, titre et pièces diverses.

843 — Étoffes. Album contenant des dessins de 1830 à 1860, au nombre de 242.

844 — Dessins du commencement du siècle. 393 pièces.

845 — Dessins de l'époque Louis XVI. 80 pièces.

846 — Référence moderne de dentelles. 1 volume.

847 — Dessins de robes, etc., et impressions. 1 volume.

848 — Dessins pour robes modernes. 1 volume.

849 — Dessins de broderies gravées et rehaussées en couleurs. Premier Empire. 3 volumes.

850 — Dessins de papiers peints du premier Empire, originaux.

851 — Références. Joanno-Offenbac. Dessins de broderies. Sous ce numéro sera vendue quantité de documents de tous genres anciens et modernes, albums et en feuilles, ornements, études, papiers peints, dessins divers.

852 — Album contenant des antiquités égyptiennes, grecques et romaines. Gravures et calques. 250 pièces.

853 — Diverses armoiries superbes, de princes, de rois et de villes. 19 pièces.

854 — Animaux par divers. Desporte, Redinger. — Chasse. — Le Paradis perdu. 46 pièces.

855 — Détails mauresques. 15 pièces.

856 — Edelinck, Mulet, Lebrun Vigée, Boucher. — Chinoiserie. 6 pièces.

857 — Mollan, Decker, Cock, Marc-Antoine, Sprangers, etc., etc. 22 pièces.

858 — **Lairesse** et divers. 8 pièces.

859 — Pièces diverses. Paysages, architecture et figures. 17 pièces.

860 — Divers portraits d'hommes illustres du xvie siècle. 14 pièces.

861 — Diverses pièces historiques. 16 pièces.

862 — Divers. 28 pièces.

863 — Diverses vues de monuments et édifices pour des fêtes. 6 pièces.

864 — **Folkema** et divers. 5 pièces.

865 — **Aubert**. Saintetés. 4 pièces.

866 — Divers titres, portraits et frises. 17 pièces.

867 — **Audran**. La Pêche miraculeuse et la Résurrection de Lazare. 2 pièces.

868 — **Lantara**. Étude d'ornements, d'après l'antique. 3 pièces.

869 — Écoles diverses. 28 pièces.

870 — **Wallich** (1832). Les plantes de l'Inde.|Splendides planches en couleurs. 100 pl.

871 — Divers artistes. 30 pièces. Sera divisé.

872 — **J. de Hefner**. Costumes du Moyen-Age chrétien des temps les plus anciens jusqu'à la fin du xvie siècle.

873 — Albums cartonnés. Séries pouvant servir pour recueil de gravures.

874 — **Cadres en bois sculpté**. (Sera divisé.)

875 — **Faïences anciennes**. (Sera divisé.)

ALBUMS VIDES, CARTONS, MEUBLES, GRAVURES EN LOTS
DESSINS, OBJETS DIVERS, DÉBARRAS D'ATELIER.

9 782329 489940